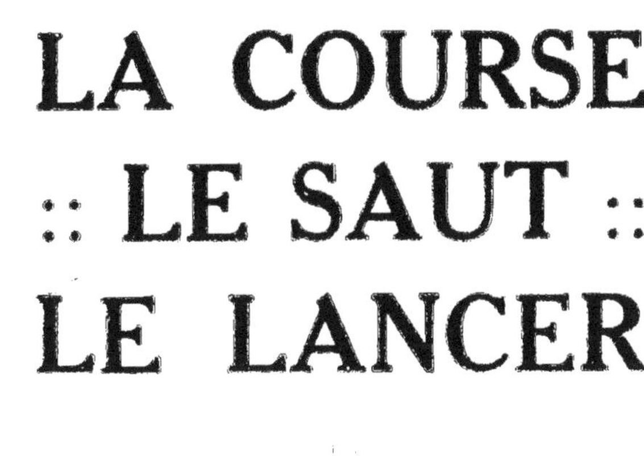

LA COURSE
:: LE SAUT ::
LE LANCER

SALMSON-CREAK

[illegible] mètres – [illegible] mètres
:: Cross Country ::
Les différents sauts
Le poids – Le disque
:: :: Le javelot :: ::
Entraînement rationnel

PARIS (xe)
P. BRENET, éditeur
66, Boulevard Magenta

La Course - Le Saut
Le Lancer

OUVRAGES DU MÊME AUTEUR

Tome	I. —	**L'Entraînement à tous les sports**	*Franco*	5 fr. 75
—	II. —	**Le Développement musculaire**	*Franco*	5 fr. 75
—	IV. —	**Natation et Aviron**	*Franco*	5 fr. 75
—	V. —	**La Bicyclette et le Cyclisme**	*Franco*	5 fr. 75

GUIDES DU PARFAIT SPORTIF

L'ENTRAINEMENT AMÉRICAIN

La Course - Le Saut
Le Lancer

L'Entraînement rationnel :
Course de Vitesse — Course de Fond
Le Saut en Hauteur — Le Saut en Longueur
Le Lancer : du Poids
du Disque, du Javelot

PAR

SALMSON-CREAK

TOME III

P. BRENET, Editeur
66, BOULEVARD MAGENTA, 66
PARIS (X^e^)

I

Nous ne donnerons pas ici évidemment les règles des courses ou des concours, ce que l'on peut se procurer dans n'importe quelle société; mais seulement un procédé d'entraînement, qui permettra de se présenter en bonnes formes aux divers concours.

Tout ce que nous recommandons dans le présent ouvrage, deviendra en outre inutile et parfois sera même nuisible, si l'on n'a suivi les conseils indiqués aux tomes I et II et que l'on ne se sera pas soumis au test spécial, décrit au tome II.

On doit considérer que la course en particulier est un exercice extrêmement épuisant, même pour l'individu entraîné ; il sera fatal au sportif qui n'aura une culture générale suffisante.

Ce que nous disons pour la course, se reproduit également pour le saut. Quant au lancer, il est pour ainsi dire le corollaire des deux premiers.

Le lecteur qui nous a suivi jusqu'ici est en possession d'un système musculaire développé dans la normale, également il jouit d'une circulation régulière et d'une respiration puissante.

Ces trois qualités sont absolument nécessaires lorsque l'on veut attaquer la course.

Notre méthode présente, se résume donc en une progression simple qui a trouvé son début dans les tomes I et II.

Arrivé à ce point, le sportif sait marcher ; il lui est permis de se livrer à la marche athlétique qui diffère un peu de la promenade ordinaire.

Mais la course, n'est que de la marche athlétique accélérée. L'étudiant y parvient donc naturellement, par le fait même de notre entraînement.

Puis survient le saut. Or le saut, n'est que la course par bonds, telle que la pratiquent certains animaux.

Voici en quelques mots l'explication de la méthode que nous conseillons. On voit par conséquent que la marche est le début nécessaire.

Pour le saut aussi bien que pour la course, il faut un bon cœur, servi par de bons poumons.

Si nous passons maintenant aux différents lancers, les jambes, le cœur et les poumons ne suffisent plus, un entraînement des bras devient nécessaire. Mais celui-ci, sans une grande souplesse des jambes, ne donnera jamais un lanceur même médiocre.

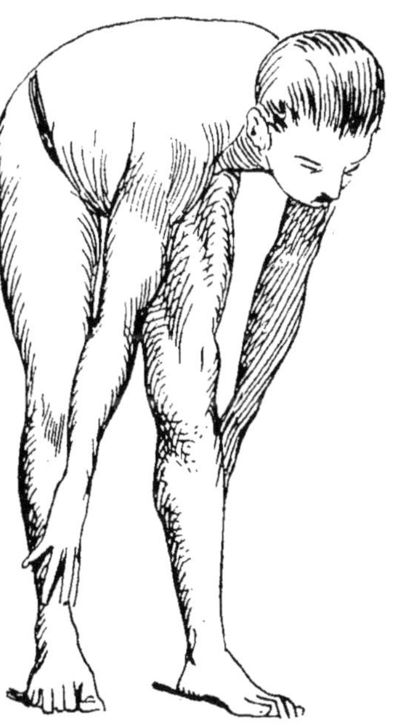

Figure 1.

Ce ne sera ensuite qu'après les expériences de lancers que l'on se hasardera au saut à la perche. Ici, on doit posséder outre des jambes souples et résistantes, des bras robustes.

La progression régulière dont le sportif ne peut s'écarter est donc :

Marche, — marche athlétique, — courses diverses, — sauts divers, — lancers, — saut à la perche.

Que l'on ne se croit pas favorisé des dieux au point de pouvoir passer par-dessus l'un de ces échelons; c'est impossible. Si l'on s'en éloigne, l'exercice devient purement nuisible et le plus minime, le plus apparent des accidents est le claquage des muscles.

Nous ne reviendrons pas sur la question des aliments, la question ayant été traitée assez longuement au cours des tomes I et II. Nous insisterons seulement sur la nécessité de se conformer à l'un de ces régimes alimentaires, si l'on prétend se livrer aux sports d'une façon suivie.

Durant le présent entraînement, nous recommanderons encore de préférence le tub tiède, le matin, même l'été. Dans ce cas l'eau pourra être seulement chambrée.

Le tub froid, glacé, tel qu'il a été pratiqué très longtemps en Angleterre et en Amérique est plutôt débilitant après un certain temps. Il produit sur le moment une réaction violente, dont les organes, les vaisseaux souffrent par la suite.

Ce que l'on ne négligera pas, ce sera chaque soir, la petite séance de massage décrite dans le tome II.

Au début de l'entraînement à la course et au saut, on y ajoutera les deux exercices suivants :

1° Saisissez à deux mains les chevilles gauches par exemple et remontez lentement jusqu'au sommet de la cuisse. Six fois. Passez ensuite à la jambe droite et opérez de même. Six fois encore (fig. I).

2° Asseyez-vous, posez le pied gauche sur le genou droit. Appuyez les doigts bien à plat sur les orteils et remontez jusqu'à la base de la jambe (fig. II). Vous massez ainsi le tarse, ce qui favorise l'assouplissement des muscles de cette région.

Rappelons que le massage ne se fait jamais à sec, mais toujours les doigts et la paume graissés d'un peu de vaseline.

Enfin, dernière recommandation d'ordre général : *Entraînez-vous toujours seul.*

S'entraîner à plusieurs, amène toujours des excès par l'émulation qui en résulte. En outre, il est impossible dans ce cas, de se rendre un compte exact de ses progrès.

L'habitude des sports, pour être justifiée, doit améliorer non seulement le système musculaire, la force proprement dite, mais aussi l'organisme tout entier. Si un organe est défaillant, tout s'écroule, il ne subsiste plus qu'un mannequin se livrant à des exercices, mais sans beau style, c'est-à-dire d'une façon ridicule. Or ce n'est que par un entraînement patient, en face de soi-même, que l'on parvient à ce résultat. Alors pas de fausse honte, pas d'accès de vanité, mais un contrôle sévère, attentif.

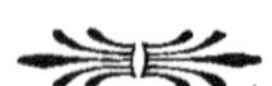

II

Le choix du costume a aussi une extrême importance. Généralement on adopte pour l'entraînement le même vêtement que pour le concours. C'est là une erreur qu'il est aisé de saisir, si l'on veut bien admettre que l'entraînement s'étendra, par séance, sur un plus grand laps de temps, qu'il sera coupé d'arrêts multiples, pendant lesquels on prendra froid.

Le seul vêtement pour l'entraînement, aussi bien à la course qu'au saut, sera tout d'abord le sweater, posé sur la peau. On prendra de préférence le sweater sans fermeture, qui se glisse par la tête; il est muni d'un col suffisamment haut pour protéger la gorge.

La culotte sera courte, arrêtée au-dessus des genoux et plutôt de flanelle légère que de toile ou de coton. Cependant, entre ces deux dernières, on choisira encore le coton.

Une sage précaution est de se munir d'une large ceinture de flanelle, plusieurs fois enroulée autour de la taille. Ce sera sur cette ceinture que viendra se fixer la culotte. Cette habitude a de multiples avantages, que l'on comprend à première vue. Durant la course, la taille a beaucoup travaillé, les organes abdominaux ont été secoués. Il est bon par conséquent de protéger tout cela contre les refroidissements, en même temps que vous empêchez les chocs brusques intérieurs.

Combien de coureurs, ont été handicapés, sans le savoir, par la seule négligence de l'une de ces précautions. Le muscle, sous l'effet du refroidissement brusque, se contracte, il lui faudra de longs exercices, avant qu'il ne reprenne son élasticité.

Il est enfin absolument nécessaire de porter un suspensoir, modérément serré, non pas seulement pour éviter les frottements désagréables, mais aussi pour préserver les muscles abdominaux d'une surcharge qui devient considérable dans le mouvement.

Les jambes seront nues en été; en tout cas, on ne portera *jamais* de molletières dans la course. Ces bandes toujours serrées pour tenir, entravent la circulation, amènent l'atrophie d'une multitude de petits vaisseaux.

Si l'on souhaite se couvrir les jambes, on usera uniquement des gros bas de laine, sans jarretelles, *ni jarretières*. Ces bas tiennent d'eux-mêmes par le retroussis pratiqué sous le genou.

Il est évident que les pieds doivent subir un entraînement spécial. Il leur faut une grande souplesse jointe à une parfaite résistance.

Si le sportif peut s'entraîner pieds nus, il le fera. Plus il marchera pieds nus, plus il acquerrera de souplesse, plus il fournira aux muscles, la possibilité de s'étendre dans la normale. Mais aussi il obtiendra rapidement une grande dureté de l'épiderme plantaire. Cette dureté lui évitera durant les concours, de nombreux inconvénients.

Cependant comme il est souvent difficile de courir pieds nus, on usera de sandales durant tout le temps de l'entraînement sur route. Les chaussures cloutées au talon et à la pointe, seront usitées ensuite, lorsque l'on voudra courir sur pelouse ou terrain mou.

Mais la sandale, très large, bien fixée au tarse, sera la chaussure idéale de l'entraînement. Cette sandale ne doit comporter qu'une forte semelle retenue par des courroies. On en trouve dans le commerce qui sont parfaites. Par temps froid, la jambe étant garnie d'un bas on pourra adopter l'espadrille de toile avec semelle de cuir et non pas semelle de corde qui est peu souple et partant très fatigante.

Il est probable que la plupart des coureurs, s'étant entraînés avec la sandale, pourront après un certain temps s'exercer pieds nus, sur route, la surface plantaire aura acquis une suffisante résistance.

La transpiration des pieds ne sera jamais combattue par des drogues plus ou moins à la mode. En vérité, il ne faudrait pas la combattre du tout et parer uniquement à son inconvénient par des pédiluves froids, le matin.

Jamais de poudre de talc, ou autre, pendant la journée. Portez des chaussettes de laine, changez tous les jours et chaque matin, laissez tremper les pieds pendant trois minutes dans l'eau froide, essuyez ensuite vigoureusement pour rétablir la circulation. Le mieux est de se servir de l'eau dans laquelle on vient de prendre le tub, elle n'est ni trop glacée, ni chaude. En tout cas, le coureur,

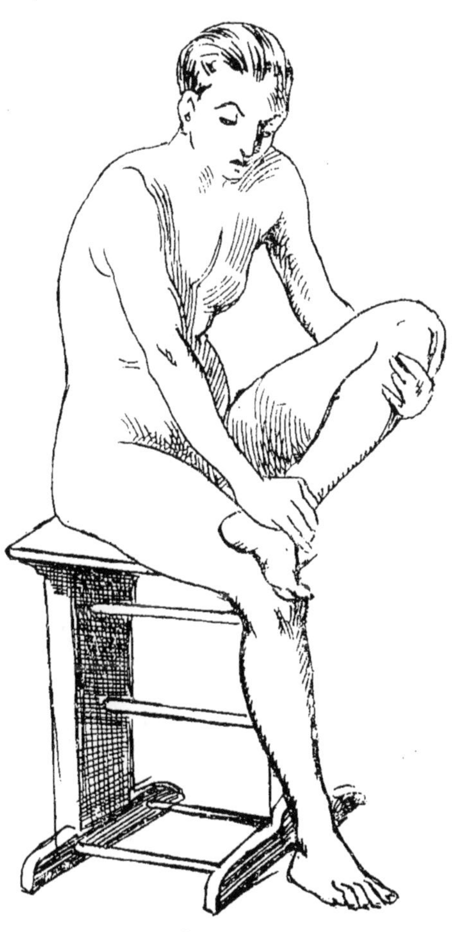

Figure 2.

sous aucun prétexte, ne se permettra de pédiluve chaud; qui rend le pied sensible.

Les cors, les ognons, les œils de perdrix ne seront jamais coupés, c'est une prime à leur croissance. Il est préférable, si on en a de souffrir quelques jours. Chaque soir on les badigeonnera de teinture d'iode, mais l'iode ne sera confiné au cor lui-même, il s'étendra tout autour, sur une circonférence de deux à quatre centimètres de diamètre, suivant la position du cor ou de l'ognon. Tous les autres procédés sont peu à recommander au coureur qui se verra surpris au moment le plus inopportun par une recrudescence de mal.

L'application de teinture d'iode sera répétée quotidiennement, *sans arrêt*, jusqu'à ce que le cor ait entièrement disparu. Souvent, on se figure qu'il est anéanti parce que l'on ne souffre pas, c'est une erreur. Tant que subsiste à la pression du doigt, une légère dureté, le cor est toujours là.

Ce que nous disons pour le cor, ou l'ognon, peut servir également pour le durillon qui sera traité de la même façon.

Le meilleur moyen pour éviter ces inconvénients est de porter toujours des chaussures larges et des chaussettes douces. C'est le frottement, accompagné le plus souvent de compression, qui cause les cors, durillons..., etc. La chaussure militaire par son extrême raideur, la dureté de son cuir, ne laisse pas un seul pied indemne. Il est donc inutile de la proscrire au sportif.

Pour parer au flottement du pied dans la chaussure large, on se munit de chaussettes épaisses, ceci évidemment, dans la vie courante. Le fil est certainement très élégant, mais doit alors s'accompagner d'un soulier au cuir très fin.

Le coureur, le sauteur, voire le lanceur, ne prendront jamais trop de soins de leurs pieds, c'est pourquoi nous nous sommes un peu étendu sur ce sujet.

Enfin après quelques jours d'entraînement à la course, on réduira le massage du soir à quelques exercices appropriés, et que l'on choisira dans les tomes I et II. Ce sont :

1° Massage de l'épaule ;

2° Massages des reins, des hanches, du bas-ventre;

3° Massage du mollet et de la cuisse, tel qu'il est décrit au chapitre précédent;

4° Massage du tarse, indiqué plus haut. Il ne faut pas oublier en effet que pendant la course, l'épaule, la taille, travaillent énormément, presque autant que les jambes. Ceci peut paraître étrange, mais n'en existe pas moins.

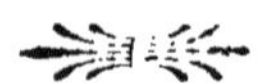

III

Le premier début de l'entraînement à la course est évidemment la marche, et surtout ce que nous appellerons la marche athlétique.

Cette dernière diffère de la première, en ce qu'elle est plus soutenue, moins nonchalante.

Il existe deux sortes de marches : la marche en extension, le torse droit, rigide, la jambe vigoureusement jetée en avant. C'est le pas de parade des armées allemandes et anglaises. Au point de vue physiologique, elle est purement défectueuse et très épuisante.

On lui préfèrera la marche en flexion, le torse

souple, légèrement incliné vers l'avant, les hanches dégagées.

Si l'on décompose le mouvement de la marche on constate, que la jambe en progression va en avant et le pied se posant d'abord sur le talon, s'étend ensuite jusqu'à la pointe.

A ce moment c'est le second pied qui va se poser sur le talon à son tour, pour s'étendre tandis que le précédent quitte le sol.

Il en résulte un déplacement de centre de gravité continuel, détail, que nous devons retenir. En effet, comme la jambe gauche se lève, s'allonge, tout le poids du corps s'appuie sur le côté droit. Le phénomène inverse se produit quand c'est la jambe droite qui est projetée, dans le pas suivant.

Voici donc le mécanisme de la marche, nous pouvons en déduire certaines conclusions utiles.

Tout d'abord, on comprend que cet appui du talon est d'autant plus pénible qu'il est plus brutal. On a donc tout intérêt à diminuer l'intensité du choc, c'est pourquoi la plupart des coureurs ont admis que l'on courait sur la pointe du pied. C'est là une grosse erreur physiologique et un coureur étranger nous a prouvé, dernièrement, que l'on pouvait battre les records en courant sur les talons.

En vérité, le but à atteindre est non point de poser une partie du pied plutôt qu'une autre, mais bien de diminuer l'intensité de choc du talon.

Ceci se produit, en fournissant à la jambe entière une souplesse suffisante.

En d'autres termes, plus la jambe est rigide, plus le choc est brutal. Si l'on s'autorise à chaque fois que le pied va toucher terre, une légère flexion du genou, un faible assouplissement de la hanche, le pied se pose presque à plat. Le déroulement primitif de la surface plantaire se fait rapidement, le choc primordial est à peu près annihilé.

D'autre part, on reconnaît que plus le pas est élevé, c'est-à-dire plus la jambe en progression monte haut, plus la vitesse est diminuée. On comprend en effet, que cette projection de bas en haut est une perte de temps.

Par la flexion que nous recommandons, cette

perte est réduite au strict minimum, la marche athlétique est ramenée à un simple glissement élastique, phénomène que l'on remarquera chez tous les animaux de vitesse, comme l'antilope, la gazelle. Il ne faut pas confondre avec le lévrier ou le lion, qui procèdent par bonds successifs.

Cette flexion continue nécessite une grande souplesse des reins, une élasticité particulière des épaules.

Théoriquement on admet une position idéale des pieds durant la marche. L'effort ayant lieu en oblique, le pied devra se tourner légèrement la pointe en dehors.

Dans la pratique, il est impossible d'établir une règle fixe, chacun trouvera la position qui lui sera la plus aisée, en se rapprochant autant que faire se pourra de l'idéal. Cependant, les pieds se posant régulièrement sur deux lignes parallèles, entraînent un épuisement rapide des muscles inférieurs.

Plus important est le balancement normal des bras.

Comme nous l'avons vu plus haut: la jambe gauche étant projetée en avant, le centre de gravité du corps se trouve sur le côté droit. Ce côté va donc supporter pendant un quart de seconde le poids entier du corps.

Pour éviter ce surcroît de fatigue à la jambe droite, le bras droit va se lever, établissant une sorte d'équilibre momentané.

En résumé, les bras étant pendants au départ dès que la jambe *gauche* se met en mouvement, le bras *droit* exécutera le mouvement identique en se projetant en avant absolument au même rythme.

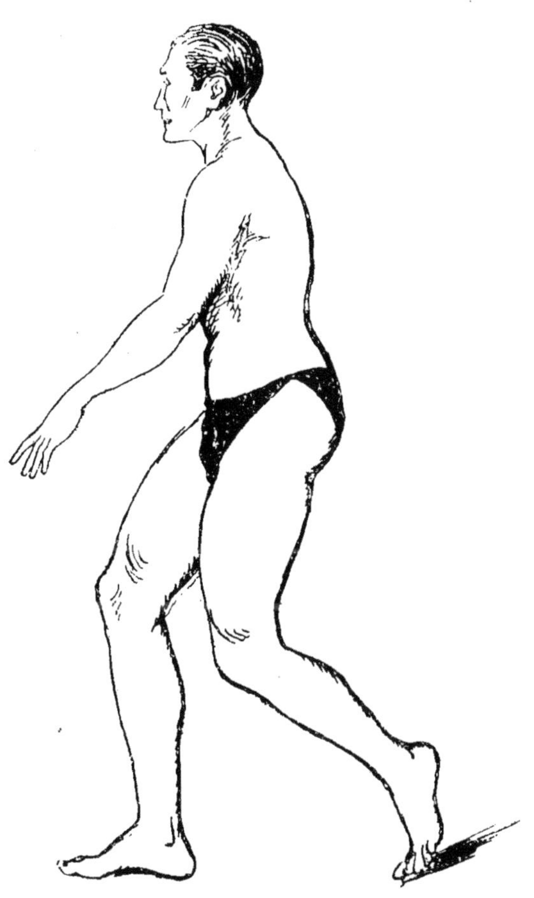

Figure 3.

Etablissons de suite que pour tout entraînement, la main doit demeurer étendue et non le poing fermé.

Le poing crispé est nécessaire durant un court effort brutal, c'est un surcroît de fatigue musculaire que de le fermer pendant l'entraînement, qui doit être au contraire un effort progressif et mesuré.

Ce détail, très important, s'entend aussi bien pour la course que pour le saut.

On ne peut assurément fixer une longueur de pas exacte pour chacun; celle-ci dépend de la longueur des jambes du marcheur, et non de sa taille proprement dite, comme on l'a affirmé si souvent.

Le pas normal se tient autour de soixante-neuf centimètres.

En éliminant *à priori* la marche en extension qui paraît plutôt nuisible au point de vue physiologique, on se trouve en présence de deux sortes d'exercices de marche :

La marche de fond.

La marche de vitesse.

La première devra être le début de l'entraînement, avant de réclamer des muscles et de l'organisme entier un effort brusque et rapide il faut lui procurer une suffisante résistance, ce qui s'obtient par l'entraînement à la marche normale, accélérée sur long parcours.

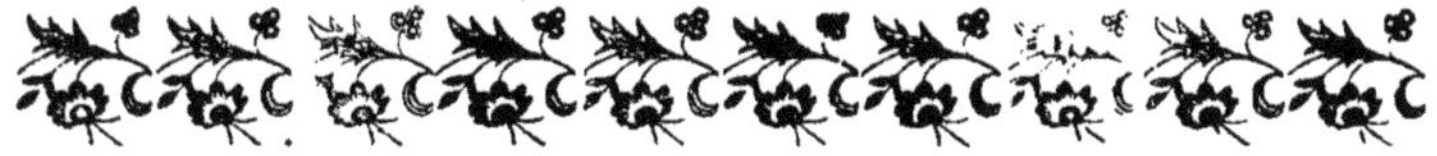

IV

Mais ce double entraînement a un but très précis, qui consiste à obliger le poumon à fournir son maximum.

En d'autres termes, l'entraînement à la marche de fond, apprendra à régulariser le souffle; l'entraînement à la marche de vitesse, premier stade de la course, devra procurer l'allongement du soufle.

Etant donné que notre lecteur est déjà parvenu à un certain degré de résistance, nous n'insisterons pas sur l'entraînement de fond. Disons seulement, que l'étape de base sera de dix kilomètres.

C'est-à-dire que : ayant terminé les exercices indiqués au tome II, l'étudiant se lèvera un matin, avec la ferme intention de couvrir dix kilomètres en un temps indéterminé.

Pour cela, il sera vêtu comme nous le conseillons plus haut, chaussé de sandales, si la température le permet.

Il adoptera un parcours de 10 kilomètres, en palier, sur route.

Il couvrira ce parcours sans arrêt, les bras pendants, les mains ouvertes, au pas accéléré, mais sans précipitation.

S'il ne s'inquiète du temps écoulé, il évitera par contre les arrêts, s'entêtant à parcourir cette distance, d'une seule traite.

Arrivé au terme, il essaiera de compter les battements de cœur. Ceux-ci doivent demeurer autour de 85 palpitations à la minute.

Dès qu'il y a essoufflement, battements précipités, on peut en déduire que l'on ne se trouve pas encore en bonne forme.

Le lendemain on répétera le même exercice et cela quotidiennement si possible, jusqu'à ce que les dix kilomètres soient couverts sans fatigue, sans surmenage cardiaque ou pulmonaire, en un mot: dans un fauteuil.

Le sportif qui se sentirait des dispositions particulières pour ce genre de sport et voudrait s'y spécialiser, continuera l'entraînement, en augmentant chaque jour d'un kilomètre jusqu'à ce que la distance couverte atteigne 20 kilomètres. A ce moment, il se livera à un nouveau test et demeurera à cette distance tant que le jeu de l'organisme ne restera pas normal après l'effort.

Il est de toute nécessité, et c'est le but principal de cette marche de régler sa respiration. S'il est inutile maintenant de compter les pas comme dans la marche rythmée il faudra tout au moins, s'ingénier à ce que l'aspiration soit. égale à l'expiration. Ce n'est que par ce moyen que l'on devient un coureur de grande classe.

La distance maximum pour celui qui aura résolu de se spécialiser dans la marche de fond sera de trente kilomètres en trois heures, marche athlétique normale.

Pour le temps, on pourra s'arrêter au vingtième kilomètre et s'entraîner à réduire ce temps, mais insensiblement, sans effort

Au contraire, l'athlète qui se destinera à la course, en restera aux dix kilomètres du début. Quand il sera parvenu à faire ce parcours sans fatigue, il s'occupera du nombre de minutes nécessitées par cette première marche. Chaque matin, il cherchera à diminuer ce temps; il pourra se considérer en bonne forme lorsqu'il aura atteint, *sans courir* les 45 minutes.

Mais ici se place un détail de première importance.

Il est nécessaire pendant tout cet entraînement à la vitesse, de s'habituer à respirer le moins possible. Plus votre respiration sera longue, c'est-à-dire moins vous aurez exécuté d'expirations durant les dix kilomètres, en meilleur état vous serez. Le critérium serait assurément de 108 expirations, pour les 10 kilomètres, c'est-à-dire une aspiration à chaque cent mètres ; la normale cependant se rapproche de 166 aspirations pour 10 kilomètres, ou l'aspiration par 60 mètres.

Afin d'éviter la fatigue, cette marche se fera

la bouche fermée, la respiration ayant lieu par les narines.

Les mains seront ouvertes, les bras allongés, même dans la marche accélérée. Ramener l'avant-bras en l'air est une pure inutilité, il y a

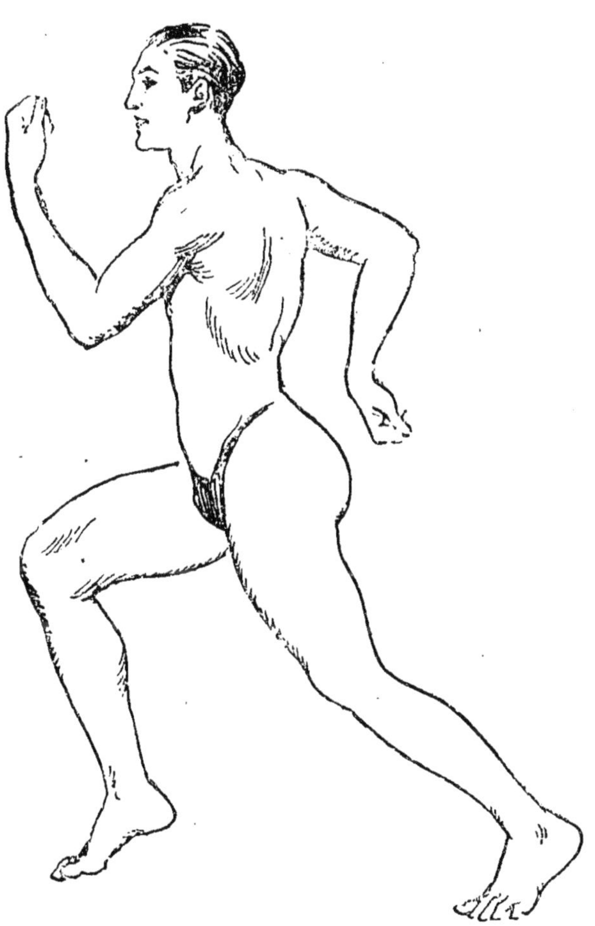

Figure 4.

là encore surcroît de travail musculaire.

Le balancement cependant, doit se produire avec régularité, afin de soutenir le pas, mais l'effet de ce balancement, sera bien supérieur si les bras se projettent dans toute leur longueur.

Pour l'entraînement, nous conseillons de préférence la marche en palier, qui permet à l'organisme entier de se développer au maximum et dans un parfait équilibre.

En montée par exemple, le torse est poussé en avant, les muscles de la taille travaillent considérablement.

Dans la descente, le buste se trouve incliné en arrière, ce sont alors les muscles abdominaux qui supportent une grande partie de l'effort.

Dans l'un ou l'autre cas, il y a rupture d'équilibre, ce qui n'est jamais le but recherché dans l'entraînement.

En résumé, pour la marche de vitesse, il est de première nécessité d'obtenir des respirations prolongées, par ce que l'on a constaté que chaque aspiration cause un ralentissement de l'allure. Il se produit, à ce moment, une sorte de suspension de l'organisme, qui reprend des forces pour un autre effort.

Par contre dans la course de fond, cette amplitude de la respiration est de valeur secondaire, ce qu'il faut posséder alors, c'est une parfaite régularité de souffle.

L'athlète qui se destinera à la course, verra par lui-même, quand il est en bonne forme pour commencer l'entraînement spécial. Il s'en rendra compte à la facilité, plus ou moins grande, avec laquelle il couvrira ces dix kilomètres en un minimum de temps.

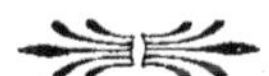

V

On voit par ce qui précède que l'allure de la marche accélérée conduit tout naturellement à la course. Il est en effet assez malaisé de fixer une ligne de démarcation entre les deux allures.

En tout cas, les détails de la technique sont absolument les mêmes, seulement s'exécutent avec une rapidité plus grande.

L'élasticité des membres inférieurs étant obtenue, il est facile de passer du pas rapide, au bond très court.

Or la course n'est qu'une marche composée d'une série de bonds successifs. Il ne faudrait pas croire que l'amplitude des bonds procure la vitesse, c'est au contraire leur succession rapide qui amène ce résultat.

Donc, ici encore, nécessité de diminuer la hauteur du pas afin de circonscrire l'effort, le temps perdu à lever la jambe ne se rattrape pas. Il en résulte que l'on doit chercher à se déplacer par une sorte de glissement continu.

On parvient à ce glissement par la flexion des genoux, c'est-à-dire que la jambe doit être d'une grande élasticité.

La propulsion est produite par une impulsion oblique de la jambe d'appui. Il s'ensuit un déplacement du centre de gravité, comme dans la marche, mais ce déplacement est infiniment plus court. Le balancement des bras, devra se produire en concordance, avec la projection des jambes.

Ici, on a l'habitude de plier le coude, afin de ramener l'avant-bras parallèlement à la taille. Ce procédé étant exagéré devient mauvais, principalement dans l'entraînement parce qu'il cause une certaine contraction du buste et pousse à des contorsions qui sont autant de fatigue.

Il est préférable de laisser pendre les bras dans la normale, ce ne sera plus alors que l'effort réclamé par le bond en avant qui les relèvera. Ils deviendront dans ce cas un soutien aux membres inférieurs, en aidant le buste à se soulever.

On a tendance à croire que, contrairement à ce qui se produit dans la marche, le pied, durant la course, touche le sol par la pointe d'abord.

C'est physiologiquement faux, mais la suspension étant presque continuelle, le choc du talon est quasiment imperceptible.

Quiconque court uniquement sur la pointe des pieds, ne peut dépasser les 100 mètres sans se livrer alors à de l'acrobatie.

En réalité, c'est la partie comprise entre la plante du pied et les orteils qui touche le sol. Ensuite vient le déroulement coutumier d'arrière en avant, seulement avec une rapidité plus grande.

C'est là l'unique moyen de tenir une vitesse donnée sur un parcours un peu long; en d'autres termes, c'est la position du pied qui se rapproche le plus de la normale, qui est celle de la marche.

Il faut en effet reconnaître que, pour l'homme, courir est un effort sortant de l'ordinaire, physiologiquement, il n'est point bâti pour cela. Il est donc nécessaire de ne pas trop s'éloigner de ses possibilités habituelles.

C'est pourquoi il ne paraîtra pas paradoxal d'affirmer que dans la course, les jambes ne sont qu'accessoires.

Ce qui fait le coureur de grande classe, ce sont les bons poumons, c'est-à-dire la capacité respiratoire, et un cœur solide.

Ensuite vient la souplesse du pied lui-même, souplesse que l'on obtient beaucoup par le massage, beaucoup par la marche accélérée qui oblige la surface plantaire à se dérouler, à s'étendre harmonieusement.

Quant aux qualités d'énergie morale, de ténacité, elles ne jouent qu'un rôle secondaire quoiqu'on en dise. Quand le poumon fait défaut, toute l'énergie du monde n'empêche pas l'homme de ralentir, voire de s'affaisser.

L'athlète vigoureux n'a point d'énergie

défaillante, parce qu'il est sûr de son organisme. Le malingre, malgré toute sa ténacité, ne réussira qu'à s'occasionner des troubles souvent inguérissables.

Le sport compris de cette façon est purement nuisible. Un record doit être battu avec le physique et non point avec le moral, sinon il ne signifie plus rien. Ou plutôt, il signifie alors que l'athlète a dépassé sa puissance réelle, par conséquent qu'il a détruit son équilibre physique au détriment de sa santé.

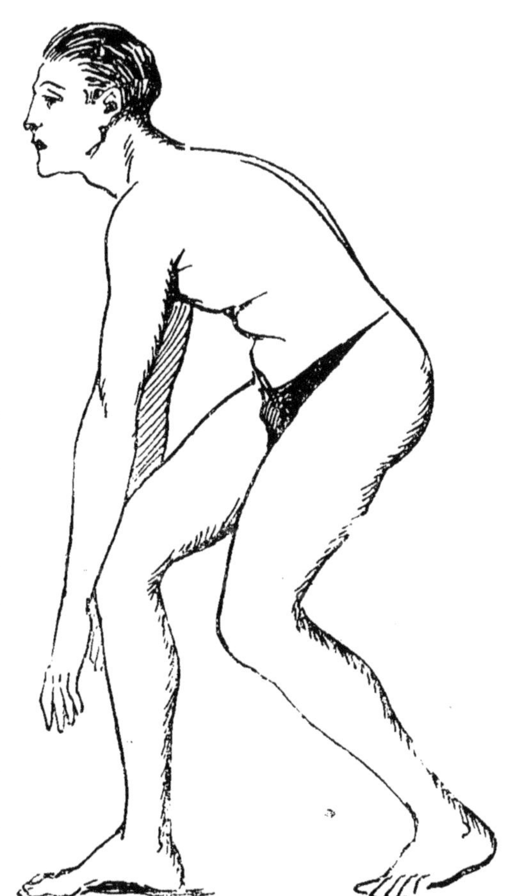

Figure 5.

Un match entre plusieurs individus, doit indiquer uniquement la valeur physique, athlétique de chacun, et non point ses qualités morales qui n'ont rien à voir en l'occurrence. C'est aller contre le but du match lui-même que de chercher le contraire.

C'est aller contre le but des sports, que de pousser l'athlète à dépasser ses forces pour battre un record dont il n'est pas capable normalement. On entre dans le domaine de l'acrobatie, pour sortir de celui de l'hygiène. Que ces exercices soient réservés à quelques professionnels.

Evidemment dans tout match, il y a une part de vanité, il faut donc réduire cette part au strict minimum, en réclamant de l'athlète, d'abord le style, ensuite l'harmonie du geste et enfin l'absence de tout masque déformé.

Durant l'entraînement à la course on ajoutera à la séance du massage du soir, telle qu'elle est indiquée plus haut, un massage prolongé des poignets.

La main qui masse part du dos de la main et remonte jusqu'au radius. Six fois pour chaque poignet.

VI

Nous avons conseillé au chapitre de la marche, d'apprendre à allonger le souffle. C'est maintenant que cette excellente habitude va nous devenir utile.

On sait en effet que toute aspiration nouvelle amène *ipso facto* un ralentissement de l'allure. On peut mesurer la valeur de ce facteur dans les cent mètres par exemple couverts en onze secondes. Que l'aspiration seulement dure une seconde et voilà le record par terre; qu'elle soit même d'un quart de seconde et le retard sera déjà appréciable.

Lorsque nous disions que dans la course

les jambes n'étaient que secondaires, nous ne croyons pas exagérer.

Il est compréhensible que dans les courses de vitesse, sur faible parcours, la respiration tient le premier rang. Ce sera donc elle que le sportif entraînera avec le plus de soin.

Ceci bien établi voyons comment nous devons opérer pour un entraînement raisonné et progressif.

Le but à atteindre est de couvrir le plus long espace d'une seule aspiration. Les coureurs de grande classe, font assurément les premiers cent mètres d'un unique aspire, la respiration bloquée dès le départ.

Mais pour parvenir à ce résultat, il est nécessaire d'habituer le poumon à cet effort. Il serait donc nuisible, pendant le début de l'entraînement, d'adopter la position de départ que l'on remarque chez les coureurs, dans les différents concours. Cette pose vise uniquement à gagner de la vitesse ; l'entraînement au contraire cherche à assouplir pour préparer à la vitesse.

Nous nous arrêterons donc à la position

physiologiquement normale. Décrivons-là tout d'abord, afin de n'avoir plus à y revenir.

Les bras sont pendants, le buste droit, souple, bien appuyé sur la cuvette iliaque pour faciliter le complet développement de la respiration. Aucune raideur dans la tenue, les mains ouvertes, les jambes inperceptiblement fléchies, la bouche fermée.

Il est entendu que ceci est la pose d'entraînement et non celle de concours que nous indiquerons plus loin et à laquelle on s'habituera ensuite, lorsqu'on se sentira bien maître de sa respiration.

Pour votre début, marquez une distance exacte de quarante mètres, sur *route* et non sur pelouse, en palier.

Cette distance fixée, placez-vous au départ, préparez la jambe gauche, ou la droite, suivant votre goût, en tout cas, celle que vous avez le plus de facilité à lancer en avant.

Faites une bonne aspiration, bloquez ensuite l'écoulement du souffle par la compression du palais avec la base de la langue et partez.

Au quarantième mètre, stoppez, laissez

filtrer le souffle naturellement, sans nervosité.

Lorsque vous êtes parvenu à couvrir ces quarante mètres, sans effort, d'une seule aspiration, vous accroissez la distance de dix mètres, soit 50.

Après les 50, ce seront les soixante, les soixante-dix, voire quatre-vingts, jusqu'à cent.

Toutefois lorsque vous pourrez exécuter, sans difficulté, normalement les soixante mètres à vive allure, sans respirer, vous pouvez vous considérer en bonne forme et prêt à affronter les concours.

De votre entraînement précédent, celui que nous avons décrit aux tomes I et II, dépendra le succès de celui-ci.

Il est de toute évidence que les emphysémateux, les cardiaques, tout individu atteint d'affection pulmonaire ou circulatoire devra s'interdire absolument la course. A celui-là restera la marche de fond, sans excès cependant.

Les bras sont pendants au départ, mais par la suite, poussés par l'effort, ils se soulèvent, remontent à une hauteur qui diffère suivant l'individu. A ce moment, ils aident à l'ascension du buste qui ne doit plus peser sur les jambes, de même qu'ils équilibrent le centre de gravité très rapidement déplacé.

Par la figure ci-jointe, on voit quelle est la position normale du coureur lancé à l'allure maximum.

Lorsque l'on possède une maîtrise complète de ses poumons et que l'on souhaite se préparer à des concours, on s'essaye au départ usité d'ordinaire.

La méthode américaine, où l'homme est entièrement penché en avant, le bout des doigts au sol, est défectueuse. Il existe un effort d'arrachement qui fait perdre un temps précieux.

L'ancienne méthode française, celle que nous venons d'indiquer pour l'entraînement, n'est pas bonne non plus à employer dans un concours, le départ ne se produisant assez vite.

Le procédé le plus rationnel est le suivant, que nous recommandons à tous les athlètes.

Les jambes sont demi-fléchies, le buste

penché en avant, mais sans excès. Les bras sont pendants, celui qui correspond à la jambe destinée à partir la première est légèrement en avant pour faciliter le redressement brusque. Par exemple, si vous partez d'ordinaire du pied gauche, ce sera le bras droit.

Le coureur doit s'abstraire totalement, ne s'occuper que de lui-même. Au mot « attention », lancé par le starter, il doit être prêt à bondir, c'est-à-dire, avoir déjà adopté la position nécessaire.

Au coup de pistolet, il ne doit s'inquiéter, ni du bruit, ni des voisins. Il bondit en avant, la respiration bloquée, après le premier bond qui a emmagasiné l'air par une aspiration profonde.

Ces prescriptions s'adaptent aux cent mètres, comme aux quatre cents mètres. Pour cette dernière catégorie, la plus pénible assurément, un entraînement sérieux est nécessaire.

Cet entraînement débutera comme nous venons de l'indiquer. Il se poursuivra seulement plus longtemps, en augmentant graduellement la distance.

Cependant, au point de vue de la respiration, on s'arrêtera au maximum de soixante mètres par aspiration. On ne s'occupera plus qu'à conserver ce rythme d'abord sur 120 mètres, puis 180, 240, 300, 360, et 400.

Si cet entraînement est bien conduit, l'athlète arrivera au terme de la course sans essoufflement exagéré, avec uniquement une sensible faiblesse des jambes.

Dans la

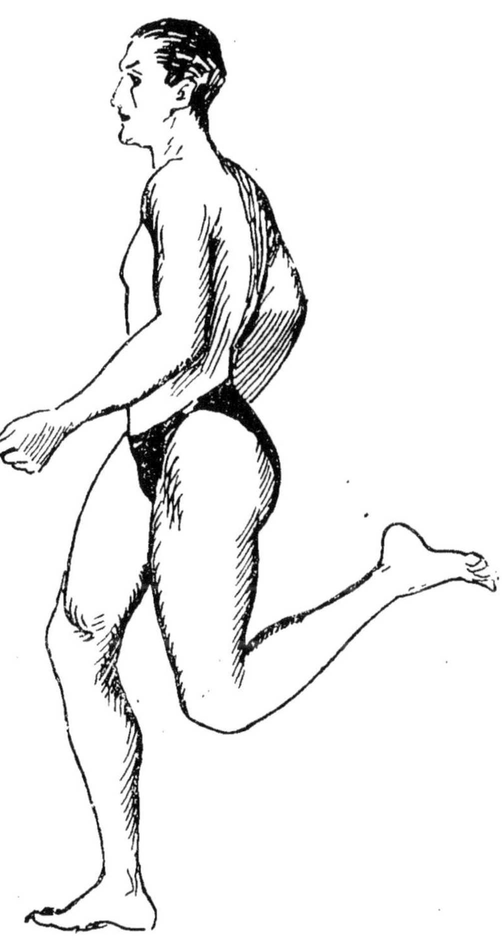

Figure 6.

pratique, la longueur du souffle diminue rapidement. Par exemple, elle se maintiendra au rythme de soixante mètres pour les deux premières étapes, descendra ensuite jusqu'à quarante, pour tomber à vingt.

Mais dans l'entraînement on ne doit tenir compte de cet abaissement, il est préférable de diminuer la vitesse, pour conserver le même rythme.

La vitesse en réalité n'a pas besoin de s'acquérir, on la donne au maximum le jour des concours et dans d'excellentes conditions si l'organisme est bien préparé à cet effort.

En outre l'entraînement soutenu à la vitesse engendrerait un épuisement rapide, qui livrerait l'athlète sans défense aux concurrents.

Surtout la course sur 400 occasionne à la circulation, à la respiration, à l'appareil musculaire une fatigue extrême. Répéter souvent cette fatigue c'est détruire l'équilibre de l'organisme.

Il est bon, un instant avant la course, de se masser légèrement les genoux, les tarses, et les poignets avec un peu de vaseline, de même que l'on s'enduit les oreilles d'une imperceptible couche de la même matière grasse.

Après la course, un rapide essuyage à la serviette et se vêtir aussitôt. Ne pas rester immobile, mais au contraire marcher, se déplacer durant une demi-heure.

Ensuite seulement boire un thé chaud et manger si l'on en éprouve le besoin.

Pas d'excès après un effort semblable, le retour au logis et le soir, avant de se coucher, un tub tiède, suivi d'un massage sérieux. Pour ce massage, se livrer à tous les exercices décrits aux tomes I, II, et dans le présent ouvrage, en conservant à chacun leur ordre.

Après le massage, essuyage et coucher. Il faut noter que le tub a lieu avant et non après le massage.

Si l'on devait prendre part à plusieurs épreuves dans le cours de la même journée, ce que l'on ne doit se permettre que dans un état de parfait équilibre physique, on exécutera un vif massage au gant de crin après chaque épreuve.

Pour ce cas évidemment, un aide est nécessaire.

Ce massage cependant sera rapide et suivi d'un essuyage à la serviette

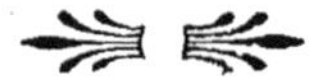

VII

Parlons maintenant brièvement du cross-country qui est un excellent excercice pour les jeunes gens, en même temps qu'un sport à la portée de toute les bourses.

Le cross-country, qui signifie *à travers la campagne* devrait être une course impromptu, hérissée d'obstacles naturels. A la suite d'un effort aussi multiple on pourrait juger avec exactitude la valeur de l'athlète.

Le costume d'entraînement au cross a été décrit plus haut, nous n'y reviendrons pas.

Les exercices de respiration sont les mêmes

que précédemment, avec cependant une moins grande sévérité.

Le système musculaire entier joue, ici, un rôle plus important.

C'est pourquoi l'entraînement sera sagement gradué et mené sans lassitude.

Tout terrain est bon pour cet entraînement, on choisira, de préférence, la prairie avec des obstacles imprévus.

Au début, on ne recherchera pas la vitesse, mais uniquement la résistance.

Adoptant par exemple un parcours de 2 kilomètres, on le répétera tant que l'on ne sera parvenu à le couvrir sans lassitude et sans courbature.

De deux kilomètres on passera à quatre, puis à six dans les mêmes conditions. Mais ce chiffre sera un maximum.

Ensuite on cherchera à acquérir de la vitesse, à multiplier les obstacles, à les rapprocher.

Le parcours se fait à peu près au pas de gymnastique, sans arrêt. On ramène les mains à la hauteur des hanches, ce qui diminue la fatigue.

L'exercice s'exécute l'estomac vide ou tout au moins deux heures après le repas.

On veillera à la vessie en ayant la précaution d'uriner avant le départ.

De même on massera : genoux, poignets, tarses au moyen d'un peu de vaseline.

L'arrêt n'aura pas lieu brusquement, mais avec ralentissement progressif.

Au retour on se dévêt rapidement et l'on se livre à un essuyage complet à la serviette.

Une petite demi-heure de marche posée, puis on boit chaud et l'on déguste une tartine de confiture, à moins qu'il soit le moment de se mettre à table.

Il est de première nécessité d'éviter les refroidissements qui se produisent d'ailleurs fréquemment et d'une façon insensible.

Nous ne conseillons pas le massage au gant de crin, immédiatement au retour, surtout pendant l'entraînement.

De même un bain froid après l'exercice serait nuisible, on attendra plutôt le lendemain matin à la suite d'une bonne nuit de sommeil et de repos. Nous ne croyons pas en effet que beaucoup d'athlètes se livrent à l'entraînement au cross dès le lever, c'est-à-dire avant le premier déjeuner du matin. Ce sera plutôt dans le courant de la matinée ou l'après-midi.

Reconnaissons en passant que le cross est le meilleur entraînement au 110 mètres haies, qui réclame outre les qualités de coureur, celles de bon sauteur, c'est pourquoi nous donnerons les dernières indications à ce propos à la fin du chapitre ayant trait à l'entraînement au saut.

Cependant il est excellent de s'habituer à attaquer l'obstacle franchement sans ralentir le train.

Cette habitude se prend progressivement, à mesure que l'on développe son allure.

Les dernières foulées précédant l'obstacle ne doivent être diminuées en amplitude, il faut s'ingénier à leur conserver une bonne uniformité.

De même on s'accoutumera à augmenter rationnellement la hauteur de l'obstacle à franchir, on parvient ainsi à garder cette régularité de l'allure qui est tout le secret du sauteur.

Pour cela, on débutera par les hauteurs faibles, ne dépassant vingt-cinq à trente centimètres.

A première vue, on ne peut se figurer la difficulté que l'on éprouve à passer un obstacle

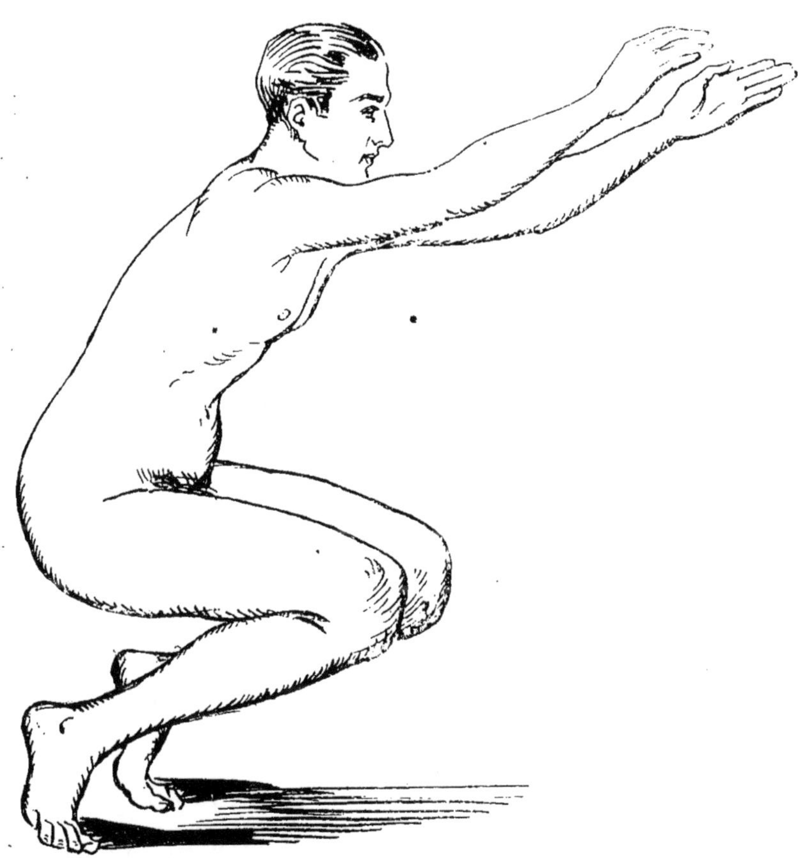

Figure 7.

sans que se produise au préalable une légère hésitation. Machinalement il y a un bref temps d'arrêt qui naturellement diminue la vitesse générale du train.

Il est donc nécessaire de lutter par l'accoutumance contre cette hésitation purement physique. On y arrivera en se contentant, au commencement, de minimes hauteurs que l'on sait pouvoir franchir sans difficulté.

La reprise de contact avec le sol après le bond doit se faire d'un seul pied, l'autre étant réservé à poursuivre la course sans solution de continuité.

Lorsque l'on atteint certaines hauteurs, cette reprise de contact est assez malaisée, sans un bon entraînement. Là aussi se produit un temps d'arrêt, un fléchissement des jambes, peut-être imperceptible, mais qui suffit à ralentir l'allure pour tout le reste de la course.

Nous ne saurions trop recommander la recherche de l'obstacle dans l'entraînement au cross, c'est lui qui donne l'aisance, la souplesse des membres inférieurs, l'élasticité et l'équilibre du corps entier.

Leur rapprochement cependant ne doit pas être inférieur à une trentaine de mètres, distance qui permet de reconquérir le souffle et le sang-froid.

De même la hauteur n'atteindra pas un mètre et variera autour de soixante centimètres. On ne s'autorisera d'ailleurs de pareils obstacles qu'après un entraînement prolongé.

Lorsque l'exercice est terminé, il est excellent de faire son examen de conscience et de se rendre compte de son état de fatigue.

Si l'on se trouve en face d'une faiblesse trop accentuée des jambes, d'une courbature des reins, d'un essoufflement pénible, on aura la certitude que l'on vient de dépasser le niveau de ses forces. Dans la séance suivante, on diminuera un peu le parcours, le nombre d'obstacles; reprenant ainsi l'entraînement à un degré inférieur.

En résumé, tout entraînement doit amener *graduellement*, et non *d'un seul coup*, l'individu, à fournir le maximum d'effort que lui permet sa vigueur. Le record ne signifie rien; pour l'un il sera le critérium de son état physique, pour un second, ce même record sera l'indice d'un surmenage dangereux. En outre, il est facteur d'une multitude de détails, ce que le vulgaire ne note ordinairement pas. Ainsi, un individu de 1 m. 80, possédant de longues jambes franchira aisément une hauteur de 1 m. 10, tandis que l'athlète de 1 m. 60 devra pour ce même saut, fournir un effort considérable.

Cette règle est absolue, le coureur qui couvrira les 100 mètres en 140 foulées, sera plus vite que celui qui aura besoin de 150 foulées. Tous deux pourtant feront des pas courts pour la longueur de leurs jambes, mais l'un sera grand, le second petit.

Pour le lancer, le balancement sera de beaucoup supérieur et partant la violence du lancer chez un individu de 1 m. 80, que chez un athlète de 1 m. 60.

L'entraînement consiste donc à s'habituer à fournir le maximum, suivant le degré de ses possibilités physiques. Ne viser qu'au record, c'est aller à l'échec par la suite d'un épuisement rapide.

Ce que nous venons de dire, ne signifie point que l'homme de 1 m. 80 battra toujours des records supérieurs à ceux de l'homme de 1 m. 60. Non, mais il les battra après un entraînement moins prolongé.

La ténacité, l'esprit de suite dans l'entraînement sont la base de toute valeur sportive.

Or au point de vue général, le cross-country est le meilleur des entraînements, il prépare à toutes les catégories, par la multiplicité des efforts qu'il réclame.

C'est en même temps un sport démocratique, ne demandant ni frais spéciaux, ni terrains appropriés. La campagne pour les provinciaux, le bois de Boulogne ou le bois de Vincennes pour les Parisiens.

On s'entraîne au cross, au maximum trois fois par semaine, les autres jours libres sont réservés à la marche athlétique Ces deux éléments devraient toujours aller de pair, dans une préparation bien comprise.

Comme la marche et la course de vitesse; dans l'entraînement à la vitesse, la marche athlétique devient un repos qui entretient l'équilibre de l'organisme.

C'est pourquoi nous avons placé la marche athlétique au début de cet ouvrage. Sans elle, pas de course, pas de saut, seulement une acrobatie passagère que l'athlète se voit très vite incapable de soutenir.

On ne l'abandonne jamais si l'on tient à conserver le corps en bonne forme, elle sera le corollaire obligé, comme le premier pas de tous les sports.

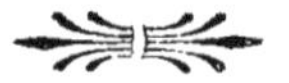

VIII

L'entraînement à la course de fond, se place évidemment ici, lorsque l'on a acquis une certaine habitude, que l'on sait donner son maximum.

Le rôle de la respiration est assurément moins important que sur cent mètres, voire 400. Néanmoins, il est nécessaire de pouvoir la régler et de posséder une amplitude d'aspiration particulière.

Le début de l'entraînement pour le fond, se fera sur 400 mètres, avec une moyenne de onze aspirations.

Il faudra répéter cet exercice assez longuement, peut-être deux mois, au rythme de trois fois par semaine.

Ensuite la progression ira beaucoup plus vite. On attaquera aussitôt les huit cents mètres sans essayer d'exagérer la vitesse, seulement en s'habituant à régulariser son souffle. Proportionnellement le nombre des aspirations s'accroîtra et ne sera pas de 22 parce que l'on en fait onze au 400 mètres.

De 800 on passera rapidement aux mille mètres et lorsque l'on couvrira cette distance aisément, on fera 2.000.

On parviendra ainsi lentement aux 5.000 mètres ou aux 10.000 sans excès de fatigue.

Naturellement, on ne pourrait se permettre trois fois par semaine un parcours de cinq mille mètres, ce qui serait exténuant.

On réservera donc uniquement un jour au courant duquel on s'entraînera sur la distance de cinq mille mètres.

Les autres jours libres seront occupés à des exercices de marche accélérée sur des parcours suffisants, mais qui ne devront jamais causer une sensation de fatigue.

Rappelons-nous que pour aller vite, il ne faut point se hâter, mais agir à bon escient. Vouloir se livrer à un entraînement intensif est pure folie, même aux périodes proches des concours.

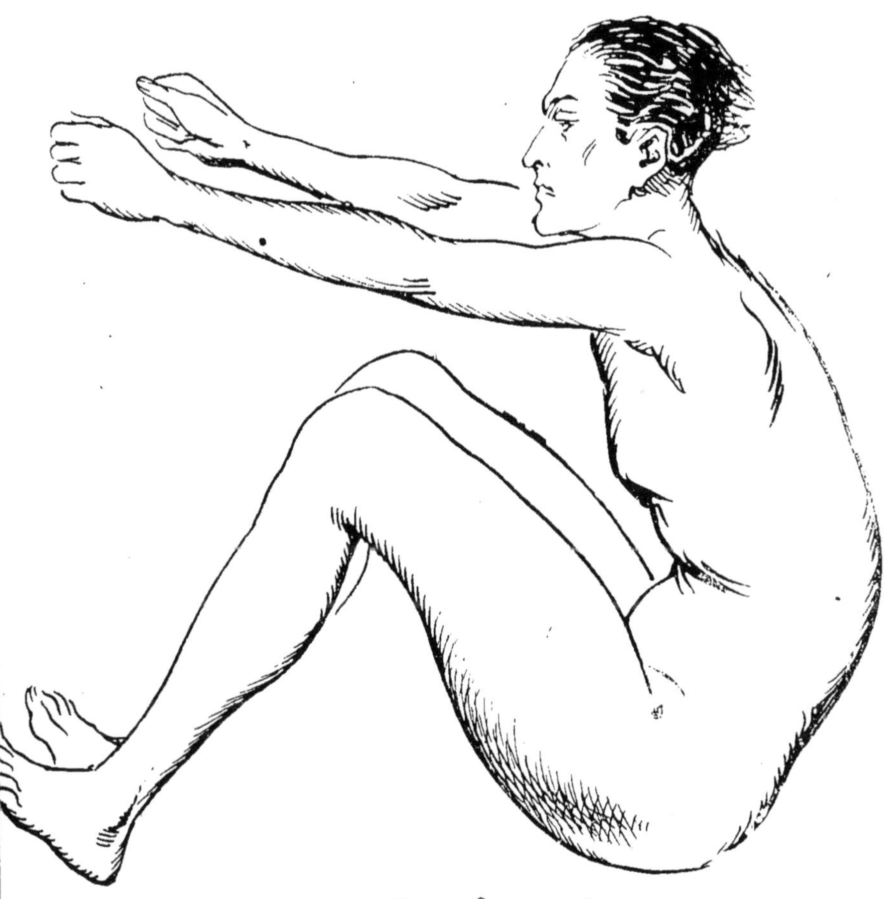

Figure 8.

Le véritable athlète est celui qui ne change rien à son entraînement et qui se présente dispos sur la piste, prêt à faire un effort particulier.

Pour la course de fond, la position des pieds, du corps, sont à peu près les mêmes que pour la course de vitesse, tout au moins à l'entraînement.

Il est important cependant de savoir régulariser ses foulées, l'emballage est toujours nuisible à l'entraînement, lorsque l'on s'est déjà exercé à la vitesse.

On préférera s'astreindre à soutenir toujours le même train sur une distance donnée, en ménageant sa respiration.

Chaque jour on tâchera d'accroître la rapidité de ce train, sans toutefois aller jusqu'à la respiration haletante.

La bonne position des bras, qui ne doivent pas être trop haut, ni au-dessous des hanches, a ici un rôle primordial.

Ils seront harmonieusement balancés pour soutenir le torse, afin de diminuer l'effort des jambes.

Le buste sera droit, sans rigidité, de même la tête. On tiendra la bouche fermée, ne respirant que par le nez.

Comme terrain, on choisira de préférence une route plate, où l'on ne sera pas dérangé par le va et vient des véhicules. Il est important en effet de n'avoir d'autre souci, que celui du travail auquel on se livre.

Bien entraîné de cette façon on se rendra compte que l'effort sur piste sera considérablement amoindri, la piste possédant d'ordinaire une élasticité que ne connaissent pas les routes.

Voici à peu près toutes les prescriptions que nécessite la course de fond.

Nous ne conseillerons pas cependant à l'athlète de s'y livrer trop tôt quelles que soient les dispositions qu'il pense avoir.

Il est de beaucoup préférable, de consacrer un été à la marche athlétique, à la course de vitesse et un peu au saut.

Ce sera lorsqu'il se sentira en possession de tous ses moyens, lorsque les membres inférieurs auront acquis une véritable résistance, qu'il se permettra des essais de fond.

En admettant même que l'on ne se considère pas, comme coureur très vite, on aura avantage à suivre cette progression, les résultats enregistrés ensuite seront certainement supérieurs.

Le fond est un effort prolongé qui réclame un organisme très robuste; la vitesse au contraire est un effort bref, très fatigant assurément, mais à la portée de tout organisme sain. Dans cette dernière catégorie peut évidemment être rangé le saut, sous ses différentes formes.

En résumé, le double but à atteindre dans l'entraînement à la course de fond est :

Régularité du souffle;

Régularité des foulées.

Le massage de l'épaule, des reins, de l'abdomen, des jambes devra être exécuté chaque soir ponctuellement.

Les épaules et les reins se livrent en effet à un travail considérable quoique presque imperceptible.

On donnera également quelques minutes au massage du cou.

Eviter à l'entraînement, le gant de crin et

tout autre accessoire semblable. La main graissée de vaseline suffira amplement.

Ceci s'adresse évidemment aux jeunes gens, les seuls étant susceptibles de se permettre un entraînement sportif quelconque.

Le gant de crin sera réservé aux personnes d'âge plus avancé, ou au cours des matchs lorsque la révulsion du sang aura besoin d'être faite rapidement.

On ne se livre à la course sur plusieurs milles que l'estomac libre, c'est-à-dire deux heures après le repas.

L'arrêt ne se produit non plus brusquement, mais graduellement.

Au retour a lieu l'essuyage avec la serviette sèche, mais non dure.

Une fois vêtu, on exécute avec un soin attentif, l'essuyage des pieds. Mais jamais de pédiluve, même froid, immédiatement après la course. La sensation de brûlure que l'on peut avoir, sera aisément combattue en laissant le pied à l'air, durant quelques minutes.

Tous ces minimes détails, malgréleur apparence futile, ont une extrême importance pour l'athlète, et beaucoup d'ouvrages sportifs ont le tort de ne pas en parler.

Dans l'entraînement proprement dit, le chapitre de la course de fond aura été une petite digression. Comme nous l'avons indiqué plus haut, il est préférable de s'y livrer après s'être soigneusement habitué aux différents sauts.

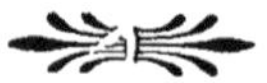

IX

Le saut, ou le bond en avant est, comme on peut s'en rendre compte, la suite naturelle de la course de vitesse. A ce moment, on est maître de sa respiration et les extenseurs inférieurs sont accoutumés aux efforts brusques.

Le premier entraînement est assurément le saut sans élan.

Pour l'exécuter, on se place dans la position indiquée par la figure.

Cette position de départ est la suivante :

Les jambes sont fléchies, les bras portés en avant, les mains ouvertes, la tête, s'avançant légèrement.

Afin de préparer les extenseurs, on se livre à une faible élévation du corps, qui amène tout le corps à l'état de souplesse nécessaire. Cette élévation du buste s'accompagne d'un mouvement identique des bras.

Mais au moment de la détente, c'est-à-dire lorsque l'on va sauter, on opère au contraire un brusque abaissement des bras.

De l'autre côté de la barre, il est nécessaire de se recevoir en souplesse.

Pour cela, on se laisse aller sur les jambes qui fléchissent comme dans la position de départ, les bras, par contre, se relevant brusquement. Ce mouvement des bras empêche la chute brutale toujours dangereuse.

Au point de vue purement athlétique, ce saut devrait être le critère de la valeur physique de l'homme. Lui seul indique réellement la vigueur des muscles, la souplesse du corps.

Malheureusement par ce moyen on n'obtient que de faibles hauteurs.

Dans le but d'obtenir rapidement la bonne technique, on choisit la hauteur que l'on franchit le plus facilement. Ce n'est qu'après de multiples essais, quand on saute aisément, que l'on se reçoit sans secousse, que l'on élève la barre de quelques centimètres.

Trois fois par semaine est un nombre suffisant, l'accroître serait causer de la fatigue inutilement. On pourra donc commencer le saut quand on aura acquis une certaine maîtrise dans la course.

Comme soins particuliers, on se masse légèrement sur le terrain : les genoux, les tarses, les poignets, au moyen d'un peu de vaseline.

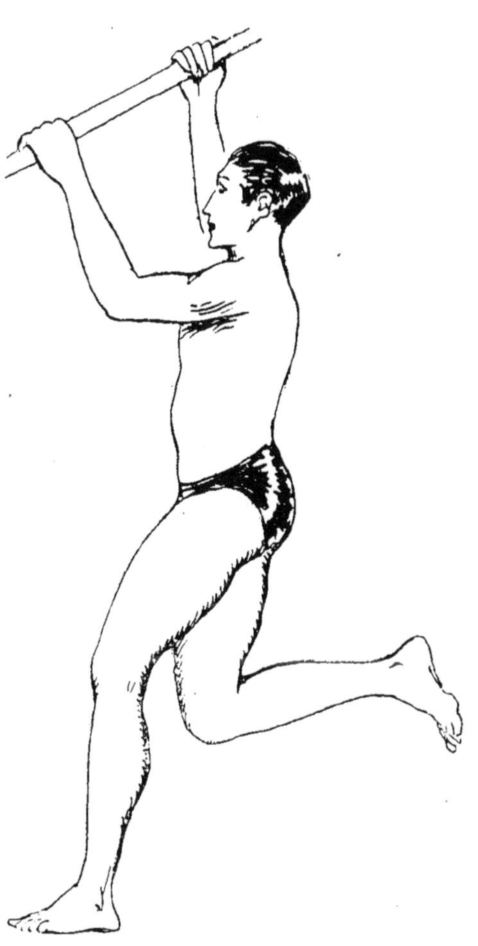

Figure 9.

Le costume est celui que nous avons indiqué : sweater pour éviter les refroidissements; culotte de *flanelle*, ceinture.

On exécute quatre ou cinq sauts à la file, puis on se livre à une marche de quelques minutes et l'on recommence à sauter.

Jamais le repos ne doit avoir lieu debout et immobile. Il est préférable de s'asseoir, si l'on peut se mettre à l'abri de l'air.

Il est impossible de donner ici une indication au sujet des hauteurs, tout dépendra à ce propos de l'individu.

Lorsque le saut à une certaine hauteur devient pénible, on s'en tient là, sans essayer de relever la barre. Ce ne sera que lorsque l'aisance sera venue que l'on se permettra d'accroître la difficulté.

Après un temps plus ou moins long de cet entraînement, on se préparera aux sauts divers usités dans les concours. Mais répétons-le bien il faut pour cela être devenu absolument maître des extenseurs inférieurs, du rythme nécessaire aux mouvements des bras, mouvements qui devront toujours concorder avec ceux des jambes.

A ce moment seulement, on essaiera de sauter à la corde.

C'est l'exercice absolument parfait qui fournit l'élasticité réclamée, à toutes les parties de l'individu.

Mais là encore, une méthode est nécessaire, s'y livrer d'une façon désordonnée, entraîne des habitudes fâcheuses et souvent gênantes.

Il ne faut au début rechercher la rapidité, on saute surtout avec régularité. La corde est tenue lâche, de façon à traîner presque au ras du sol. Puis insensiblement, au cours de la même séance on la raccourcit.

On arrive de cette manière à obtenir des jambes un assouplissement considérable. Elles s'accoutument à se plier avec vitesse, à se détendre dans un effort brusque des muscles.

Les fantaisies, comme par exemple de sauter ou plus exactement de passer la corde sans lâcher terre, c'est-à-dire, la glissant d'abord sous les orteils, tandis que le talon repose et ensuite les doigts s'appuyant pour lui permettre de franchir le talon sont plutôt nuisibles.

Il est préférable de bien décoller du sol à chaque bond, et cela avec régularité.

Dans l'entraînement, on sautera un jour à la corde, pendant quelques minutes après un exercice de marche. Le lendemain on s'exercera sur le terrain avec la barre.

Enfin lorsque l'athlète se sentira très assoupli, que les jambes, la respiration, obéiront avec précision à la volonté, on essaiera du saut de côté, le plus usité dans les concours, à cause des hauteurs qu'il permet d'atteindre.

Le mouvement ici diffère considérablement au moment du bond, les jambes se disjoignent et c'est surtout leur balancement qui aide à franchir la barre.

La technique de ce saut est la suivante :

Placez-vous à côté de la barre, légèrement de flanc.

(Pour prendre un exemple concret, supposons que la barre se trouve à gauche.)

Levez les bras, les mains ouvertes, en même temps faites une bonne aspiration, et fléchissez légèrement sur la jambe droite.

Rabaissez les bras d'un mouvement brusque,

tandis que vous lancez la jambe gauche par-dessus la barre.

Levez alors la jambe droite et de l'autre côté de la barre, donnez vigoureusement le coup de ciseaux, pour retomber en souplesse.

En réalité dans ce genre de saut, l'effort musculaire est bien moins considérable que dans le précédent, tout en franchissant de bien plus grandes hauteurs.

Cependant au début, afin d'obtenir une bonne technique, on s'entraînera sur une faible hauteur.

Ce ne sera que, lorsque les jambes et les reins habitués on saura donner le coup de ciseaux à la seconde propice, que l'on se permettra des essais plus difficiles.

Comme dans le saut de face, il est excellent de préparer les extenseurs, par une légère flexion préalable, tandis que les bras sont levés.

Le bond sera ensuite beaucoup plus souple, moins pénible.

On haussera la barre graduellement, au cours des séances successives. Toutefois on ne passera au degré supérieur, avant d'avoir exécuté le précédent, *à plusieurs reprises*, et avec aisance.

Ici encore, vouloir aller trop vite est néfaste, on prend alors peu à peu de mauvaises habitudes qui vous éloignent de la technique courante.

Evidemment dans cette sorte de saut, la longueur des jambes joue un rôle important, il est donc assez difficile de fixer un chiffre à la hauteur que l'on peut atteindre.

Pourtant avec un entraînement raisonné, un athlète de 1m. 60 franchira la même hauteur que l'athlète de 1m. 80 par exemple, mais avec un effort plus prononcé. Ici, la légèreté du premier compense la corpulence du second et ils peuvent arriver à égalité.

Toute la question se résume dans la progression sage de l'entraînement et surtout de l'entraînement général.

On ne devient un sauteur de grande classe, sans avoir parcouru les différents stades que nous avons indiqué précédemment.

En d'autres termes on n'est un sauteur véritable qu'à la troisième année de l'entraînement et non point après six mois de travail exécuté au hasard.

Les dispositions particulières d'un individu n'existent pas, le croire est un leurre. Le corps de l'homme n'a jamais été fabriqué pour la course ou pour le bond. On l'y adaptera par une gymnastique appropriée et sagement progressive.

Que l'on dise qu'un athlète, par sa structure, se prête mieux au saut qu'un autre, est admissible ; mais prétendre qu'un individu a reçu en naissant le don spécial du saut est une puérilité ou bien, alors, c'est un être anormal qui ne pourra jamais prétendre à devenir un véritable athlète.

En résumé : saut de face pour aguerrir l'organisme le préparer à ce genre d'effort.

Après quelques jours; saut à la corde pour acquérir de la souplesse des jambes, des reins et apprendre aux membres inférieurs et supérieurs à travailler ensemble.

Enfin, saut de côté pour s'habituer à affronter les concours.

Dans tous les cas, commencer par des hauteurs faibles, jusqu'à ce qu'on soit sûr de son style, de sa technique.

Les sauts ayant lieu trois fois par semaine, remplir les autres jours libres par des exercices de marche accélérée.

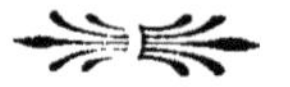

X

Nous sommes ainsi amenés d'une façon insensible au saut avec élan, qui est certainement le plus bel exercice sportif avec le lancement du javelot.

Par l'entraînement précédent, nous avons acquis la technique du saut, nous avons pris l'habitude de mouvoir bras et jambes dans un but fixé qui est le bond.

D'autre part, l'entraînement à la course nous a enseigné à courir.

Relions ces deux branches, et nous avons sans difficulté, le saut en longueur avec élan.

Ici évidemment l'entraînement à la vitesse

6

est de première nécessité, ce sera elle qui, par le fait de sa force même, aidera au bond.

Pour le début, ayant tracé une ligne visible sur le sol, on s'ingéniera à gagner cette ligne par foulées régulières et amples, sans essayer de faire de la vitesse.

Ceci est pour apprendre à situer avec exactitude le point de départ du bond.

Par un exercice suivi et attentif, on parviendra à placer sa dernière foulée de façon qu'il n'y ait pas de temps d'arrêt, le saut est alors le prolongement de la course.

Il faudra donc soigneusement étudier la distance nécessaire à l'élan. Celle-ci diffère pour chaque individu, l'expérience seule permettra de la fixer d'une manière définitive.

Admettons que l'on prenne douze mètres. On se mettra dans la position de la course, on fera une ample aspiration et on s'élancera en larges foulées régulières.

On ne perdra de vue la ligne du départ et lorsqu'on l'atteindra, la base du pied touchera le sol, la surface plantaire se déroulera, il y aura un bref fléchissement de la jambe d'appui les bras s'élèveront au-dessus de la tête.

Ce sera le début du bond. Une fois en l'air, on ramène avec vigueur la jambe restée en arrière et l'on rabaisse les bras dans l'horizontale pour se recevoir en souplesse sur ses deux pieds.

Voici en quelques lignes, le mouvement décomposé. Pour l'étudier sur le terrain avec assez de précision, on s'armera de patience et l'on recommencera l'exercice, sans vitesse, jusqu'à ce qu'on l'ait exécuté avec une exactitude parfaite.

Naturellement, on ne s'inquiétera encore de la longueur du saut. La question se résumera à acquérir un bon style.

Lorsqu'on sera en possession de la technique nécessaire, on activera la vitesse de l'élan, en raccourcissant les foulées.

Cependant, il faudra adopter finalement une foulée-type dont on ne se départira plus.

En effet, s'il se produit à la ligne de départ, un contre-temps imperceptible pour s'élever, on a perdu tout l'avantage de l'élan. La course et le bond doivent former un tout homogène sans solution de continuité.

Avec une bonne foulée que l'on ne change jamais, on s'apprend à poser la jambe d'appui tout près de la ligne de départ. La seconde n'a plus qu'à poursuivre sa course en remontant davantage pour soulever le corps. Ce mouvement est facilité par l'élévation simultanée des bras, lesquels se rabaissent aussitôt dans l'horizontale pour porter le buste en avant.

La longueur du saut se mesure depuis la ligne de départ au talon arrière à l'arrivée.

Si le bond a été exécuté avec style, on ne doit pas être emporté par son élan, on se reçoit au contraire en souplesse, ce qui retient le corps tout entier.

L'aspiration se produit au départ, l'expiration aura lieu au milieu du saut, lorsqu'on se trouve lancé. Savoir régler son souffle a encore ici une extrême importance ; réaliser l'expiration trop tôt ou trop tard, est également nuisible.

Par ce qui précède, on conçoit aisément que c'est par une bonne technique que l'on parvient à franchir de grandes longueurs. Or ce sera le début de l'entraînement qui fournira ce style précis; lorsque les mauvaises habitudes seront prises, il sera trop tard pour revenir en arrière. On se verra dès lors handicapé et l'on n'obtiendra plus de succès qu'avec un extrême effort.

Si au contraire on possède la ténacité suffisante pour conquérir le style nécessaire, la progression dans les longueurs sera, pour ainsi dire, insensible.

Nous ne parlons pas ici naturellement des assouplissements des jambes et des épaules, parce que nous supposons que le lecteur qui nous a suivi depuis le tome I est en possession de la résistance et de l'élasticité voulues. Sans les deux précédents entraînements, le présent est absolument inutile, voire dangereux à un organisme insuffisamment préparé.

XI

Pour le saut en hauteur avec élan, il nous faut bien revenir dans l'entraînement au style français de face, qui est assurément le seul normal, pour préparer d'une façon rationnelle. aussi bien les extenseurs que la souplesse du buste.

Le procédé américain dit en ciseaux, n'est point athlétique à proprement parler et son but unique est d'atteindre des hauteurs supérieures et partant n'est intéressant que dans les concours. Si l'on veut prendre part à ces matchs il faudra évidemment s'y habituer, aussi le décrirons-nous également.

En outre, le saut de face est le seul qui accoutume aux courses d'obstacles, comme le 110 mètres haie. Ce sera en réunissant les données de ce saut et de la course de vitesse que l'on aura la technique véritable de ce genre de course. On ne voit pas facilement un coureur obligé de faire devant chaque barre un léger demi-tour, pour la franchir de biais.

Donc entraînons-nous tout d'abord au saut de face, selon le vieux style français; maîtres de nos jambes et de nos bras, nous passerons très facilement ensuite au style américain.

Si nous décomposons le mouvement de ce saut, nous nous rendons compte qu'il se rapproche fort du précédent.

Il nous faut choisir, et ensuite adopter une longueur toujours la même, nécessaire à l'élan de façon que l'endroit de la dernière foulée se trouve sous le pied d'une manière absolument automatique.

Dire avec exactitude où doit se placer cette dernière foulée est assurément impossible, elle dépend surtout de la longueur des jambes du coureur.

Quoiqu'il en soit, si nous prenons une distance de quinze mètres pour l'élan, nous voyons que le sauteur, le buste droit, la bouche fermée, les bras pendants fait une ample aspiration, puis s'élance.

Les bras montent insensiblement pendant la course, à la dernière foulée, ils se relèvent brusquement dans la verticale, tandis que la jambe d'appui, subit une légère flexion.

La jambe oscillante poursuivant la foulée se hausse jusqu'à la hauteur de la barre, les bras, afin d'entraîner le buste, se projettent en avant dans l'horizontale.

La barre est franchie, la jambe restée en arrière rejoint la

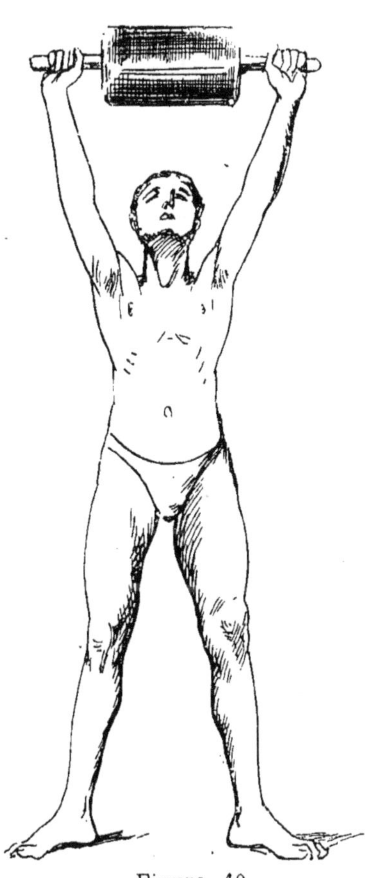

Figure 10.

première et toutes deux arrivent ensemble au sol, pour recevoir le corps en souplesse.

Pour obtenir cette régularité nécessaire du mouvement on s'entraînera tout d'abord sur faible hauteur, que l'on sautera sans difficulté.

Le but à atteindre avant d'aller plus loin est d'éviter le temps d'arrêt qui se produit toujours devant la barre, pour l'athlète mal entraîné.

Quelle que soit la hauteur choisie, on conservera toujours la même distance d'élan, c'est là certainement le plus sûr moyen de parer à ce temps d'arrêt, qui est un effort supplémentaire réclamé au système musculaire.

Si l'on veut de même s'entraîner à la course de haie, il suffira de placer une seconde barre, à 10 mètres de la première, mais cela après avoir conquis une suffisante assurance.

Tout sauteur qui plie les genoux en passant par dessus la barre, se livre à un effort considérable des plus inutiles.

Répétons, pour bien nous faire comprendre, que le saut est le prolongement de la course, en l'occurrence, l'élan. Plier les genoux n'est plus courir, mais se livrer à une acrobatie et par ce moyen on ne parvient jamais à un style élégant.

Reportons-nous à la figure et nous nous rendrons compte aussitôt quelle est la bonne manière.

Par la suite, une fois en possession de la maîtrise de soi-même, de l'automatisme nécessaire des mouvements, on haussera la barre, graduellement, jusqu'à sa hauteur maxima.

On ne passera à un degré supérieur avant d'avoir exécuté plusieurs jours de suite, sans fatigue et avec aisance, le degré inférieur.

Franchir une fois 1 m. 10 ne signifie pas que l'on soit capable de le faire continuellement, or c'est là uniquement le but de l'entraînement. Il faudra donc toujours s'assurer par la répétition prolongée, de la valeur athlétique d'un saut. Or celle-ci n'est réelle que lorsqu'on peut accomplir normalement la même performance.

Si dans un essai, on touche la barre du pied, on doit se considérer comme insuffisamment préparé à cette hauteur. On rabaissera donc la barre et l'on recommencera à s'entraîner avec patience et ténacité.

Il est inutile de dire que ce premier entraînement est souvent fort long, suivant la valeur athlétique de l'individu et aussi de la longueur de ses jambes, ce que l'on néglige d'ordinaire.

Voyons maintenant la technique du saut en coup de ciseaux, le seul adopté à l'heure actuelle dans les championnats. Reconnaissons cependant que cette méthode est illogique et doit demeurer dans le domaine sportif et non plus purement athlétique. Elle possède l'extrême avantage de permettre d'atteindre des hauteurs que le saut de face ignore.

Lorsque ce saut oblique se fait sans élan, il est assurément athlétique, avec élan, il perd beaucoup de ses qualités.

Quoi qu'il en soit décrivons-le et essayons de décomposer le mouvement, afin de le faire bien comprendre.

La distance d'élan doit tout d'abord être modifiée, on en adoptera une nouvelle qui s'adaptera mieux à cet exercice.

Cet élan de même sera pris en oblique par

rapport à la barre et du côté de la jambe oscillante.

Par exemple, si vous avez l'habitude dans le saut de projeter la jambe droite, vous prendrez élan sur la droite de la barre.

La course vous amène le corps parallèlement à cette barre et lorsque vous vous trouvez au point de la foulée, il y a une légère flexion de la jambe d'appui, la jambe oscillante est lancée en l'air, en même temps que les bras. Il se produit également un bref coup de rein qui facilite le bond.

Au-dessus de la barre, l'expiration a lieu, les bras redescendent dans l'horizontale pour amener le redressement du buste.

En réalité, quelle que soit la hauteur, le saut n'a de valeur athlétique que proportionnellement à la qualité de la chute.

C'est pourquoi on cherchera tout d'abord à acquérir le style. Ensuite, progressivement, on haussera la barre.

Pour que cette chute soit jolie, il est nécessaire de se recevoir ici encore en souplesse.

Le sauteur pourra avoir franchi 1 m.90, s'il

retombe sur le nez ou les genoux, il n'aura certainement pas exécuté un geste d'une beauté athénienne.

Plus le bond s'élève, plus naturellement le corps se penche horizontalement sur la barre. C'est à ce point que doit commencer le rétablissement d'une façon insensible et non pas d'un brusque coup de rein ce qui entraînerait la projection du buste trop rapidement en avant.

Ce sont, en réalité, les bras et la tête qui jouent le rôle de balancier.

L'expiration se produisant également au même instant, facilite ce redressement progressif, plus qu'on voudrait le croire. Savoir régler son souffle aide toujours en ces divers exercices en permettant au centre de gravité de se rétablir dans la normale.

Il est évident que pour ce genre de saut, une grande souplesse des jambes est nécessaire. Mais cet assouplissement a dû être acquis dans les entraînements antérieurs; l'exercice du saut par lui-même, suffira à l'entretenir, sans qu'il soit nécessaire d'y ajouter les mouvements de gymnastique suédoise préconisés par divers sauteurs, s'adressant le plus souvent à des néophytes non entraînés.

En résumé : prendre l'élan en oblique du côté de la jambe oscillante dans le saut.

Mesurer au préalable la distance d'élan et ne plus s'en écarter, quelle que soit la hauteur de la barre.

L'oblique doit être choisie de telle sorte qu'elle amène le corps dans une position parallèle à la barre.

Joindre à la flexion de la jambe d'appui, l'élévation des bras et un bref coup de rein.

Produire l'expiration quand on se trouve au-dessus de la barre.

Ramener à ce moment les bras en avant, tirer la jambe d'appui auprès de la première, pour retomber autant que possible sur les deux pieds.

A toute hauteur, recommencer l'exercice tant qu'on n'est pas parvenu à se recevoir en souplesse, c'est-à-dire les deux pieds touchant le sol en même temps, avec une flexion prononcée des jambes.

Ce dernier détail est absolument nécessaire au cours de l'entraînement.

Que dans un championnat où vous aurez légèrement dépassé la mesure d'effort ordinaire, vous retombiez plus ou moins bien, semble assez indifférent.

Mais à l'entraînement il faut s'entêter à soigner la chute, à descendre, sinon avec grâce, cependant sans contorsions ridicules.

Évidemment on procèdera graduellement, comme nous l'avons indiqué pour les autres catégories de saut. C'est-à-dire que, pour acquérir la technique nécessaire, on maintiendra la barre à faible hauteur.

Ce sera seulement plus tard, en possession d'un bon style, que l'on accroîtra progressivement la difficulté.

On se montrera toujours sévère pour ses performances, renouvelant, sans lassitude, tout bond qui n'aura pas entièrement satisfait.

Comme pour les sauts précédents, on ne s'autorisera que trois séances par semaine, sans jamais aller jusqu'à la fatigue.

Entre deux exercices, on ne gardera pas

l'immobilité debout, mais l'on marchera lentement. Si on éprouve de l'essoufflement, le meilleur repos sera dans la position couchée, en évitant de prendre froid.

La séance terminée, on pratiquera l'essuyage à la serviette et le massage seulement dans les concours.

On pourrait croire que ces sauts en hauteur avec un ou sans élan, préparent naturellement au saut à la perche. C'est une erreur assez fréquente.

Mais, dans ce dernier, entre un nouveau facteur trop souvent négligé : l'entraînement des bras et du buste.

Or les divers lan-

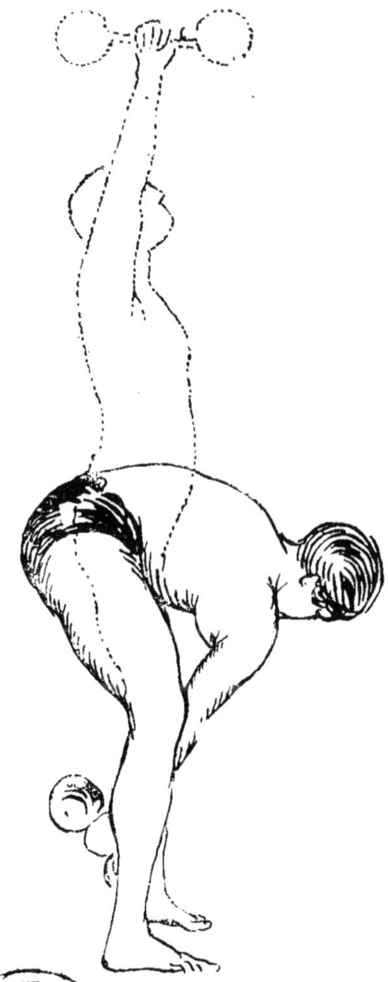

Figure 11.

cers sont les seuls éléments de cet entraînement; ils adaptent les épaules et les bras à ce nouveau travail, ils fournissent à la taille et au torse la souplesse nécessaire à cet effort considérable.

C'est pourquoi dans le cours de notre entraînement, nous avons placé ce genre de saut, complètement à la fin.

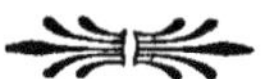

XII

Les lancers, qu'ils soient du poids, du disque, ou du javelot, réclament un petit entraînement préparatoire qu'il est bon de ne pas négliger.

De même, le soir, on soignera particulièrement les massages de l'épaule et de la taille. Voir tomes I et II.

Cet entraînement préparatoire peut parfaitement avoir lieu, tandis qu'on se livre au saut ou à la course. On choisira dans ce cas les jours libres.

Le meilleur exercice est, sans contredit,

l'exercice du lever, que l'on complète ensuite par un exercice de volée.

Pour le premier, on emploie un poids spécial terminé aux extrémités par une tige quelconque. Pour le second, l'haltère est presque seule indiquée.

Le lever n'est pas, disons-le bien un exercice de force, mais de souplesse et de gymnastique des bras. Il est donc parfaitement inutile de s'arrêter à un poids lourd.

Comme base, nous prendrons dans ce cas le poids maximum soulevé d'une seule main et sans effort. Pour fixer les idées, choisissons par exemple douze kilogs.

Le lever classique s'opère de la façon suivante :

On place le poids à terre, un peu en avant des pieds, parallèlement à la ligne des épaules.

On se tient droit, le torse bien assis sur la cuvette iliaque, les jambes écartées modérément.

Les bras sont alors dirigés dans l'horizontale, puis on plie le buste, jusqu'à ce que les mains touchent les anses du poids.

On se redresse, ramenant le poids le long du corps. Debout, on exerce une traction des bras, soulevant lentement la masse jusqu'à ce qu'elle soit dans la position verticale, au-dessus de la tête.

Le mouvement aura toujours lieu d'un seul effort, sans solution de continuité, autrement dit, il ne s'arrêtera à aucun moment.

On rejette le poids et l'on recommence. Toujours, il faudra éviter la fatigue et ne pousser l'exercice au delà des limites normales.

Lorsque l'on possèdera une certaine habitude, tout se passera avec aisance, on complètera ce premier mouvement, par une torsion latérale du buste, le poids étant tenu à bout de bras.

Ceci demande une brève explication.

Quand vous avez exécuté le lever précédent, c'est-à-dire lorsque la masse se trouve au-dessus de votre tête, tournez le buste d'abord à droite, puis à gauche. A trois reprises différentes dans chaque sens.

Les pieds, les jambes demeurent immuablement, fixes, le torse seul doit virer sur sa base.

On obtient de cette manière la souplesse de la taille nécessaire aux divers lancers.

Le deuxième exercice préparatoire est la volée, telle que la pratiquent les athlètes.

Il est bon ici de s'entraîner avec le poids maximum, ce qui procure au bras une sûreté plus grande.

Si donc de la main droite, la masse maxima que vous puissiez soulever est par exemple 12 kilogs, employez une haltère qui représentera ce poids.

Maintenant voici comment vous opérez :

Les jambes étant modérément écartées, vous placez l'haltère entre les deux pieds, une boule en avant, l'autre en arrière.

On se baisse, sans fléchissement des genoux, l'haltère est saisie fermement de la main droite.

Le premier temps consiste à imprimer à la masse à lever, un léger balancement.

Puis, le bras, est remonté d'une seule traction jusqu'au-dessus de la tête, dans la position verticale.

Comprenons bien encore qu'il ne s'agit ici

d'un exercice de force, mais d'assouplissement quoique la vigueur de l'individu entre en ligne de compte. Mais cette précision implique qu'il est inutile de dépasser dans le choix de l'haltère ses possibilités ordinaires.

Si donc vous soulevez douze kilogs, n'essayez point de vous exercer à la volée, avec 15 ou 18 kilogs, vous n'en retiriez qu'une fatigue plutôt nuisible au but à atteindre qui est le lancer.

Lever et volée s'exécutent consécutivement durant la même séance. Et après quelques jours d'entraînement, on sera étonné de l'aisance dans le geste que l'on aura obtenue, de même que de la sûreté des reins qui se manifestera d'une manière sensible.

Ensuite la technique du lancer devient presque une futilité, on l'apprend en un minimum de temps.

Afin d'éviter les déformations que pourrait entraîner la volée exécutée toujours du même bras ; on obligera les deux organes à un égal travail. La même haltère peut servir, on réclamera seulement un moindre effort au côté gauche en diminuant la durée de la suspension du poids au-dessus de la tête.

Cette précaution rétablira un équilibre qui serait rapidement rompu.

La respiration ici joue également un grand rôle ; il est de toute nécessité de la conserver régulière, d'éviter l'essoufflement qu'engendreraient des mouvement brusques ou précipités outre mesure.

Après ces exercices qui causent souvent une sudation abondante, il est prudent de se livrer à un essuyage rapide.

Dans tous les cas, prolonger ces deux mouvements jusqu'à la fatigue serait contraire aux désirs de l'athlète. Il s'arrêtera donc dès qu'il notera que la volée ne se produit plus avec aisance et légèreté.

Quelques jours de cet entraînement préparatoire suffiront. Il pourra alors attaquer sur le terrain le véritable lancement du poids.

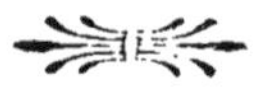

XIII

Le lancer est toujours un très bel exercice en ce sens qu'il réclame de la part de l'athlète une vigueur sérieuse, servie par une souplesse de premier ordre.

Le poids adopté d'ordinaire dans les concours est une boule de fonte de 7 kil. 250. Disons tout de suite que cette mesure immuable est préjudiciable dans l'entraînement.

Si l'on veut obtenir de bons résultats, il est préférable que la boule ne dépasse pas le dixième du poids total de l'athlète. Plus lourde, elle ne facilite pas l'entraînement en causant une déperdition d'effort inutile.

Pour s'entraîner, on peut dès le début se placer dans les conditions habituelles des concours, ce qui permet de mieux mesurer les améliorations que l'on acquiert.

Pour cela on se place dans un cercle de deux mètres de diamètre, en évitant de dépasser cette limite durant l'élan.

Il est nécessaire en effet de demeurer le maître de cet élan, sinon le lancer lui-même devient une tricherie sans valeur.

Ce qui doit projeter le poids, c'est la vigueur du bras, jointe à la résistance des muscles thoraciques et abdominaux.

Si l'on manque absolument de données, il est loisible de débuter par de simples lancers sans élan, mais en vérité, on n'y trouve qu'un médiocre avantage.

Examinons donc immédiatement le lancer ordinaire et tâchons d'en décomposer le mouvement, afin d'en comprendre la technique.

Vous êtes à l'extrémité du cercle opposé au point de chute.

La boule est dans votre paume, les doigts ramenés sur ses bords pour la retenir.

Vous haussez le bras, la boule au niveau de l'épaule, le bras gauche tendu en avant.

Vous tournez légèrement sur vous-même, afin de vous placer en oblique par rapport à la ligne de lancer.

L'appui se prend sur la jambe droite qui fléchit un peu, le buste se penche de ce côté.

La jambe gauche se relève au point de ne plus toucher le sol.

A ce moment vous faites une ample respiration.

Vous remontez la jambe gauche qui croise sur la droite, ce qui fournit au corps entier le balancement voulu.

Ce mouvement a entraîné le buste sur la gauche, le bras se détend vigoureusement, le corps entier virevolte sur le pied droit qui, à son tour, lâche le sol. La boule est partie.

On retombe dès lors sur le pied gauche et la jambe droite sert à amortir immédiatement l'élan.

En vérité, il n'existe pas d'autre manière de procéder pour obtenir des lancers véritables.

C'est le rapide demi-tour du corps qui évite aux muscles un effort trop brutal.

La distance du jet se mesure depuis le point de chute jusqu'au bord du cercle.

Durant l'entraînement du début, il est de toute nécessité de ne jamais aller jusqu'à la fatigue.

Assurément l'athlète qui nous a suivi jusqu'à maintenant se trouve en pleine forme et peut supporter aisément l'effort musculaire que demande cet exercice. Mais justement à cause de cet avantage, il ne voudra abuser de sa vigueur.

Il est compréhensible que cette projection cause au bras, après quelques essais, une certaine lourdeur, ce sera le moment de cesser pour cette séance.

En vue d'un concours, il est permis cependant de s'exercer tous les deux jours, sans qu'il en résulte aucun inconvénient.

Il faudra toujours chercher dans le jet à diminuer le plus possible la hauteur de la trajectoire. Plus la boule sera lancée vigoureusement, plus sera minime cette hauteur et plus le poids lui-même ira loin.

Le bon lanceur est toujours un athlète complet, vouloir donc faire du lancer sans entraînement général, est purement illusoire. Nous croyons avoir placé cet exercice à sa position exacte c'est-à-dire lorsque l'on a conquis un organisme résistant, une musculature aussi élastique que robuste.

Le massage spécial à opérer le soir, est celui de l'épaule, du bras, de la taille et des jambes.

Au moment de l'exercice on se masse les poignets au moyen d'un peu de vaseline.

Le costume est le même que précédemment : sweater, culotte courte de flanelle, chaussures indiquées plus haut.

Le lancement du marteau se rapproche du lancement du poids, mais il y entre un facteur nouveau qui est le câble d'acier auquel la boule est fixée.

Les conditions comme la technique sont à peu près semblables. L'extrémité du câble est tenue à deux mains.

On fait tournoyer la boule au-dessus de sa tête, puis on tourne soi-même, accroissant ainsi le mouvement. Puis on lâche.

Le danger que présente un pareil exercice est peu compatible avec la modestie de nos terrains de sport.

En outre, il réclame, de la part de l'athlète, une maëstria toute particulière. Enfin, sa valeur sportive est assez mince, à cause de l'absence de volonté directrice dans le jet. Il faut admettre, en effet, que le marteau va surtout où *il veut,* plutôt que : où veut l'athlète.

Quant à l'harmonie du mouvement, elle est assez discutable.

Plus classique, plus harmonieux sera le lancer du disque qui demande autant de science que de vigueur ou de souplesse.

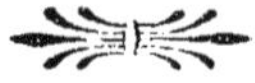

XIV

Le poids du disque est généralement de deux kilogs. C'est une plaque ronde, en bois, cerclée de fer.

Pour le lancement, on se place dans un cercle comme précédemment.

On tient le disque de la façon suivante :

Ouvrir la main bien au large, poser le palet au ras de la dernière phalange, l'autre extrémité appuyée sur le poignet. On referme les doigts sur le rebord de manière à le tenir fermement.

La mesure de distance du jet, est la même que pour le poids.

Cette distance, le disque doit la parcourir à plat, virant sur lui-même dans le plan horizontal. Pour obtenir ce résultat, il faut qu'au départ il soit retenu un centième de seconde par les doigts, ce qui lui imprimera le mouvement de rotation nécessaire.

Si nous décomposons le mouvement, nous voyons que :

Le lanceur est placé dans le cercle, à l'extrémité opposée du point de chute.

Le disque est dans sa main droite, par conséquent, le buste est incliné sur la droite, les jambes écartées, les pieds à angle droit.

Afin d'assouplir les extenseurs, il se livre à un léger balancement, puis il affermit son pied gauche contre le sol, en donnant un peu plus d'élasticité à la jambe droite.

Enfin le bras gauche étant bien balancé, il se redresse, le bras gauche s'étend en arrière, le corps fait un brusque demi-tour sur le pied gauche et le disque part.

Faire un tour complet ou plusieurs tours sur soi-même entre dans le domaine de la fantaisie.

Nous leur préférons cette sorte de sautillement d'une jambe sur l'autre qui permet la détente brutale du bras.

Ce n'est pas l'élan qui doit lancer le disque,

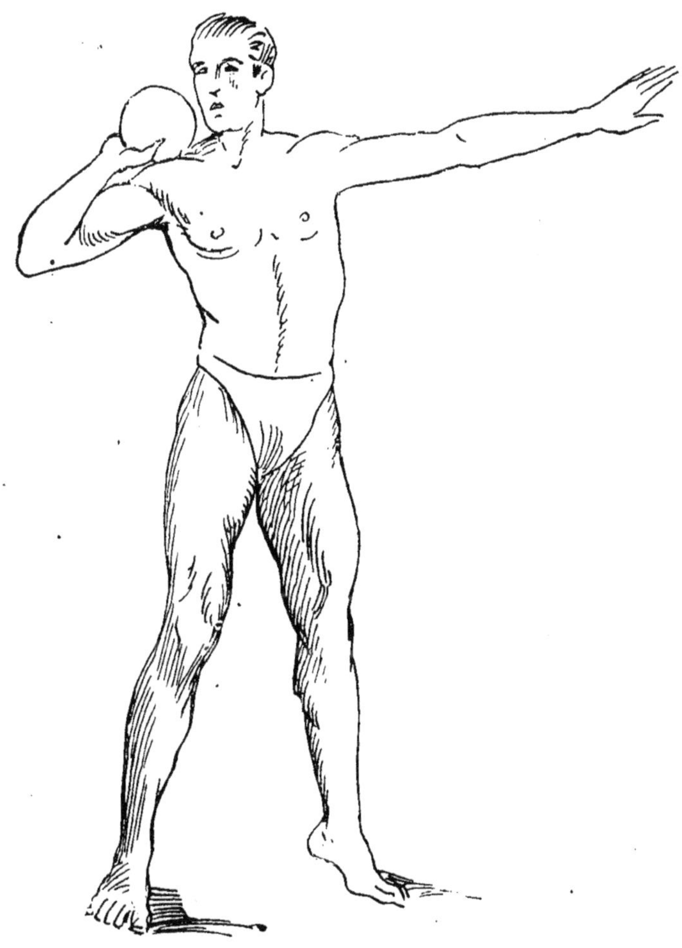

Figure 12.

mais bien l'effort de l'épaule et du buste.

Par contre, le balancement préparatoire, le torse incliné a une extrême importance. Il amène le redressement vif et vigoureux qui fera la force du jet.

Le temps d'arrêt final sera produit par le pied droit qui se posera à terre fermement à l'instant du départ du disque.

On remarque également un déplacement inverse des deux bras, le droit s'en allant en avant, le gauche s'étendant en arrière, ce qui imprime au buste une rapide rotation.

C'est en rassemblant toutes ces conditions que cet exercice est vraiment sportif. Il est peut-être possible d'obtenir des jets plus longs par d'autres méthodes, telle que celle consistant en plusieurs tours sur soi-même. Mais alors la valeur de l'effort musculaire diminue considérablement, on n'est plus réellement maître de son geste, il ne reste qu'un exercice de voltige plus ou moins réussi.

Au début de l'entraînement, on se livrera aux divers mouvements avec une extrême lenteur, afin d'apprendre à bien coordonner le travail des jambes et des bras.

Comme pour le poids, on ne s'autorisera qu'une séance tous les deux jours, sans jamais pousser jusqu'à la fatigue.

Quoiqu'il en soit, le lancer du disque exécuté avec un bon style, reste un des plus beaux exercices de l'athlétisme.

XV

Le javelot est une tige de bois d'environ 2 m. 50 que termine une pointe métallique, son poids n'atteint jamais le kilog.

Le principe de lancer consiste à projeter la tige en se tenant sur une ligne marquée sur le sol.

La distance est mesurée à partir de cette ligne jusqu'à l'endroit où le javelot touche la terre. Mais ce contact doit se produire la pointe en bas, au contraire, la tige tombant à plat, le coup est nul.

Au point de vue de l'entraînement, il n'existe qu'une seule méthode de lancer, que nous allons décrire immédiatement.

D'autres procédés sont usités dans l'espoir de gagner de la distance, mais nous croyons que l'athlète ne doit les employer qu'une fois bien accoutumé au jet.

La méthode classique est la suivante :

Une ligne étant tracée sur le sol, ligne de départ que le lanceur ne devra dépasser. On saisit la tige par l'endroit cordé, le bois appuyé entre le pouce et l'index.

La pointe se trouve dirigée vers le ciel, l'autre extrémité touche terre.

L'athlète, bien équilibré sur la jambe droite infléchie, a le buste incliné en arrière.

La jambe gauche est un peu en avant, le pied fermement posé.

Le bras gauche est étendu en arrière, son rôle sera d'équilibrer la course du lanceur pendant l'élan.

Une fois en position, on fait une ample aspiration. Puis on exécute trois longues foulées régulières qui doivent conduire à la ligne de départ.

Durant cet élan, le bras droit emporté par le mouvement s'est redressé lentement.

Arrivé à la ligne, il se détend violemment, le javelot part en une trajectoire haute, la pointe dirigée vers le ciel.

Nous indiquons trois foulées, mais évidemment il est permis d'en exécuter davantage si l'on y gagne de la vigueur. Mais ici, comme pour le saut, il faut conserver une distance immuable afin que l'élan n'emporte point au delà de la ligne de départ et que le javelot soit exactement lancé à ce moment.

La valeur de cet exercice au point de vue athlétique est considérable, le corps entier travaille, et il réclame une parfaite souplesse du lanceur. Toute rigidité dans les mouvements sera une cause d'insuccès, c'est pourquoi on devra, au début, s'exercer avec lenteur, cherchant uniquement à gagner un bon style, sans s'inquiéter de la distance.

Celle-ci, au fur et à mesure que l'on acquerrera de l'habileté, viendra à son tour d'une façon très sensible. L'erreur de beaucoup d'athlètes est justement de prendre la voie contraire et de s'entêter immédiatement à obtenir de longs jets. Il en résulte que l'on prend des habitudes mauvaises dont il est souvent à peu près impossible de se défaire par la suite.

Il est un autre procédé, trop employé aujourd'hui dans les championnats, pour que nous le passions sous silence, quoique nous préférions le précédent, qui possède une harmonie de beaucoup supérieure.

De la main droite on tient l'extrémité du javelot, la gauche est placée en avant, et sert à maintenir la tige en équilibre.

Le départ se produit de la même façon, l'élan est identique, mais l'effort du bras est un peu différent.

Il n'y a aucun conseil à donner en particulier à propos de ce jet; l'athlète cherchera la position qui lui convient le mieux. Il est certain que l'on obtient de plus grandes distances par ce moyen, mais la valeur athlétique de l'individu n'est nullement prouvée.

Ici, tout dépend d'un bon élan, pris en vitesse la main gauche ne bouge pas, la droite seule pousse le trait d'un effort autant que possible régulier.

On peut admettre qu'avec un peu d'entraînement on parvient à un lancer intéressant et il semble inutile d'être un véritable sportif pour réussir des performances qui étonneront le vulgaire.

Nous conseillons donc à l'athlète de s'entraîner suivant la méthode classique et de ne con-

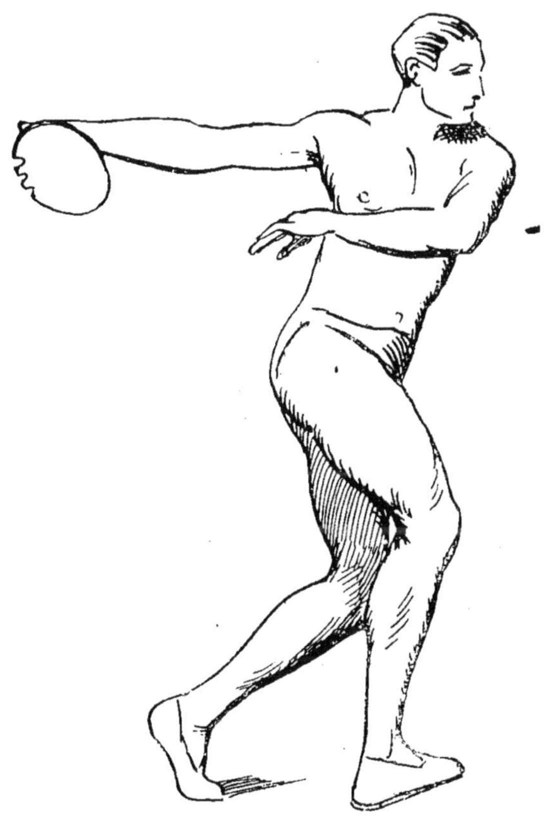

Figure 13.

sidérer ce procédé que comme un délassement amusant. D'autant qu'ayant subi l'entraînement habituel, il pratiquera de cette façon, comme en se jouant.

XVI

Arrivé à ce point, nous pouvons parler du saut à la perche, qu'il serait imprudent d'essayer plus tôt.

Malgré ses apparences simples, nous devons être assuré que ce saut est particulièrement difficile, surtout à exécuter avec un bon style.

La perche n'a pas de longueur déterminée, on la choisira donc à son goût, éviter seulement qu'elle soit trop glissante, ce qui serait dangereux.

Il est impossible de fixer la position des mains tout dépend de la structure du sauteur. Cependant, la main d'appui, c'est-à-dire la droite dans la plupart des cas, sera à la hauteur de la barre.

On attaque généralement celle-ci de face, quoique l'on s'infléchisse un peu lorsqu'on passe par-dessus.

L'élan se prend en vitesse autant que possible et il sera toujours mesuré de façon à le conserver toujours identique à lui-même. Cette habitude empêche la secousse qui se produit, lorsque la pointe de la perche touche le sol.

Ici encore, le saut doit être la prolongation de la course. Il est nécessaire de s'enlever sans traction brutale, mais par le seul effet de la vitesse.

Pour cela, au début de l'entraînement, la barre sera basse et l'on ne choisira une perche trop longue, qui serait embarrassante pour un néophyte.

La main d'appui, la plus haute par conséquent a le pouce en dessous ; c'est le contraire qui se produit pour la gauche.

On prend l'élan en ne tenant la perche que de la main droite, pendant ce temps, le bras gauche s'allonge et la main vient saisir le bois, au moment où la pointe touche le sol.

A cet instant, sans s'inquiéter des bras, on poursuit la course à la même allure et naturellement on s'enlève.

Les pieds ayant lâché le sol, survient la tension du bras droit, tandis que le gauche se raidit à angle droit. Puis c'est presque simultanément un léger coup de rein qui rétablit l'équilibre empêchant de retomber en arrière.

Emporté par le mouvement les pieds s'élèvent, on arrive à la hauteur de la barre presque horizontalement.

Alors on lâche la perche, on donne un vigoureux coup de reins, tandis que les bras montent brusquement au-dessus de la tête.

On doit retomber de l'autre côté, le dos tourné vers la barre.

La chute étant d'ordinaire assez grande, il est de toute nécessité d'apprendre à se recevoir en souplesse.

Bien se dire que dans cet exercice ce sont les muscles de l'épaule et des reins qui travaillent le plus durement.

La tension spéciale des bras se réalise naturellement, tandis que le coup de reins lorsqu'on arrive en haut, réclame un véritable effort.

Pour s'entraîner on débutera donc avec de faibles hauteurs. Il ne faut pas craindre de se montrer ridicule en plaçant la barre à un mètre du sol. On parvient de cette façon à acquérir le synchronisme nécessaire des mouvements.

Jusqu'à 2 mètres, on élèvera régulièrement la barre de cinq centimètres en cinq centimètres, et l'on répétera l'exercice tant qu'il ne sera pas exécuté avec aisance.

C'est là un fort beau sport qui demande de l'athlète, force, résistance, souplesse. La respiration n'est pas non plus à négliger.

Au moment où la perche touche terre, doit se produire une ample aspiration. C'est quand on lâche le bois que se fait l'expiration.

Ces deux temps facilitent considérablement le saut, c'est pourquoi l'élan ne devra jamais être trop prolongé, et plutôt soutenu en vitesse.

Plus la hauteur augmente, plus on diminuera le nombre de sauts à l'entraînement. Quand celle-ci atteint deux mètres, on se contentera de dix reprises consécutives, tous les deux jours.

A deux mètres l'entraînement stationnera quelque temps, afin d'acquérir l'aisance nécessaire. Puis on montera progressivement jusqu'à 2 m. 25. Là il y aura nouveau temps d'arrêt et l'on recommencera jusqu'à 2m. 50 si la taille le permet.

A partir de cette hauteur on n'avancera plus qu'avec une extrême prudence et chaque centimètre gagné sera une réelle victoire.

Les massages du soir devront être faits avec un soin attentif, afin de compenser la fatigue musculaire dépensée.

A part cela, il n'existe aucune prescription spéciale, étant donné que l'on n'attaque le saut à la perche, qu'une fois parfaitement entraîné. Il serait en effet plutôt nuisible de s'y essayer trop tôt. Encore une fois, quand il s'agit de sport, vouloir mettre les bouchées doubles, c'est courir à un échec ou à une impuissance prématurée.

En athlétisme tout se tient, l'entraînement complet forme une chaîne ténue, qui se brise lorsqu'un chaînon manque.

XVII

Le but de la plupart des sportifs étant de se présenter à un concours, nous croyons utile de donner quelques indications sur l'entraînement spécial de l'athlète qui souhaite prendre part à un championnat un peu important.

Evidemment ce que nous allons dire ne s'applique pas aux modestes concours régionaux, où il est préférable de se montrer dans sa forme ordinaire, au cours de l'entraînement général.

Mais lorsque l'on se considère comme un as capable d'affronter des athlètes renommés, il est prudent de s'entourer de quelques précautions.

Cet entraînement spécial, nous le réduirons à deux mois, divisés en périodes de cinq jours.

1re *Période :*

Lever à 6 heures.

20 grammes de magnésie comme laxatif général.

Promenade normale sans aucune charge pendant une heure.

Au retour : toilette, pas de tub, mais nettoyage complet au moyen d'une serviette mouillée.

Premier déjeuner : un litre de lait très sucré.

Une heure de marche accélérée.

Au retour, court repos, puis déjeuner léger; bouillon, pain et confiture.

Une heure de repos étendu, bien couvert.

Déjeuner, en suivant le régime indiqué au tome I.

Repos d'une heure.

Une heure de marche accélérée; une heure de marche normale pour le retour. Thé, pain beurré.

Une heure de repos, occupations diverses mais peu fatigantes.

Diner, suivant le régime du tome I.

Repos.

Massage complet, en rassemblant tous les exercices donnés au cours des tomes I, II et III.

Coucher.

2e *Période :*

Lever à 6 heures.

Promenade normale d'une heure. Toilette et tub tiède. Absorption d'un litre de lait, pain et confiture.

Court repos.

Une heure de l'exercice auquel on se prépare.

Retour : déjeuner léger : œufs sur le plat, pain et beurre.

Court repos et promenade normale jusqu'au grand déjeuner.

Ce déjeuner demeure semblable aux précédents de la première période.

Une heure de repos.

Une heure de marche normale.

Repos d'une demi-heure environ.

Exercice auquel on se prépare, sans excès.

Repos étendu, occupations diverses.

Dîner suivant le régime habituel.

Une heure de repos.

Massage complet.

Coucher.

3e *Période* :

Semblable à la précédente, mais en diminuant la marche du matin et en augmentant le temps de l'exercice.

Encore tub tiède, quelques mouvements d'assouplissement.

L'après-midi, comme à la 2e période.

4e, 5e, 6e *Périodes* :

Le régime alimentaire est le même.

Marche d'une demi-heure.

Tub, toilette.

Un litre de lait. Court repos.

Deux heures d'exercice.

Déjeuner : œufs à la coque, pain, beurre.

Une heure de repos.

Une demi-heure de marche normale.

Grand déjeuner.

Une heure de repos allongé.

Une heure de marche accélérée.

Une demi-heure de repos.

Thé, pain et confiture.

Court repos.

Une heure d'exercice.

Une demi-heure de marche normale.

Repos, dîner.

Massage complet, avec un aide autant que possible pour les massages de l'épaule.

Coucher.

7e, 8e, 9e *Périodes*:

Semblables aux précédentes.

Le tub est suivi de frictions à l'alcool.

Deux heures d'exercice matin et soir.

Repos d'une heure après les grands repas; d'une demi-heure après les petits.

Ces trois périodes sont dévolues au travail intensif, soutenu par une copieuse alimentation.

Le massage du soir sera fait par un aide, le corps de l'athlète allongé.

On remplace la marche accélérée des périodes précédentes, par l'exercice.

Les nuits doivent être d'un minimum de huit heures, sur lit dur, sans couvertures trop chaudes.

Les frictions à l'alcool se pratiquent comme le massage de haut en bas jusqu'à la région des reins; de bas en haut pour les membres inférieurs. De la main à l'épaule pour les bras; circulairement pour la taille, l'abdomen.

Les 10e, 11e, 12e *Périodes* :

Suivent une progression inverse.

La 10e correspond à la cinquième.

La 11e correspond à la troisième.

La 12e correspond à la première.

Cependant on ne renouvelle pas l'ingestion du sulfate de magnésie qui est strictement limitée à la première.

A part ce détail, les repos et les marches sont absolument identiques.

De ce travail progressif jusqu'à la 10e période et dégressif de la 10e à la 12e, il résulte que l'organisme a été soumis à un dur travail; ce travail se ralentit et au moment du concours, il est en parfait état, sans lourdeur, comme sans fatigue.

D'autres régimes peuvent être indiqués, celui-ci même ne conviendra pas à tous les individus et ce sera toujours le médecin habituel qui sera le meilleur guide.

Il ne faudrait pas croire en effet, que la pratique des sports, dispense de la visite du médecin.

Bien au contraire, il sera le plus sûr conseiller, évitant les excès, dirigeant dans la voie propice. Vous mettant en un mot à l'abri des maladies, justement parce que vous faites du sport.

A la veille de tout championnat, la visite au praticien s'impose; il mettra en garde contre certaines difficultés que l'on ne peut prévoir soi-même. Le mieux est une visite, dix jours avant l'épreuve; une seconde deux jours avant.

Mais ne nous faisons pas d'illusion; seuls les athlètes de grande classe doivent se livrer à un entraînement semblable en prévision d'un championnat important.

Il faut au préalable suivre avec entêtement et sans découragement l'entraînement général, et disons-nous que c'est uniquement par la patience que nous parviendrons à approcher des records.

Des champions de lancer, connus à notre époque, ont mis quinze longues années avant d'arriver à ce style merveilleux que chacun admire aujourd'hui.

Des coureurs ont travaillé pendant dix ans pour obtenir ce pas cadencé, régulier qui semble une mécanique bien ordonnée.

Mais ceux-là sont étrangers et nous nous empressons d'admirer, de chanter les louanges de l'étranger, sans nous demander si aucun de nos champions a seulement songé à se soumettre à un effort aussi prolongé.

En France on veut être champion avant d'avoir commencé, dans les épreuves publiques on lutte à coups de nerfs, en même temps on claque les muscles.

Nous sommes certains d'avoir fait sourire beaucoup de lecteurs quand nous leur avons recommandé de se contenter durant tout un été de la marche rythmée, pour s'astreindre l'hiver suivant à des exercices de gymnastique en chambre, à une série de mouvements souvent monotones.

Et pourtant les résultats sont là qui nous étonnent de prime abord. Tout le secret, hélas, est dans la ténacité et l'esprit de suite.

Voleter d'un exercice à un autre comme un oiselet, sans méthode et sans énergie, c'est se vouer à l'insuccès.

En réalité la machine humaine n'est point faite pour tous ces mouvements désordonnés, le nombre de ceux qui lui sont naturels est assez réduit. Il faut donc plier notre organisme

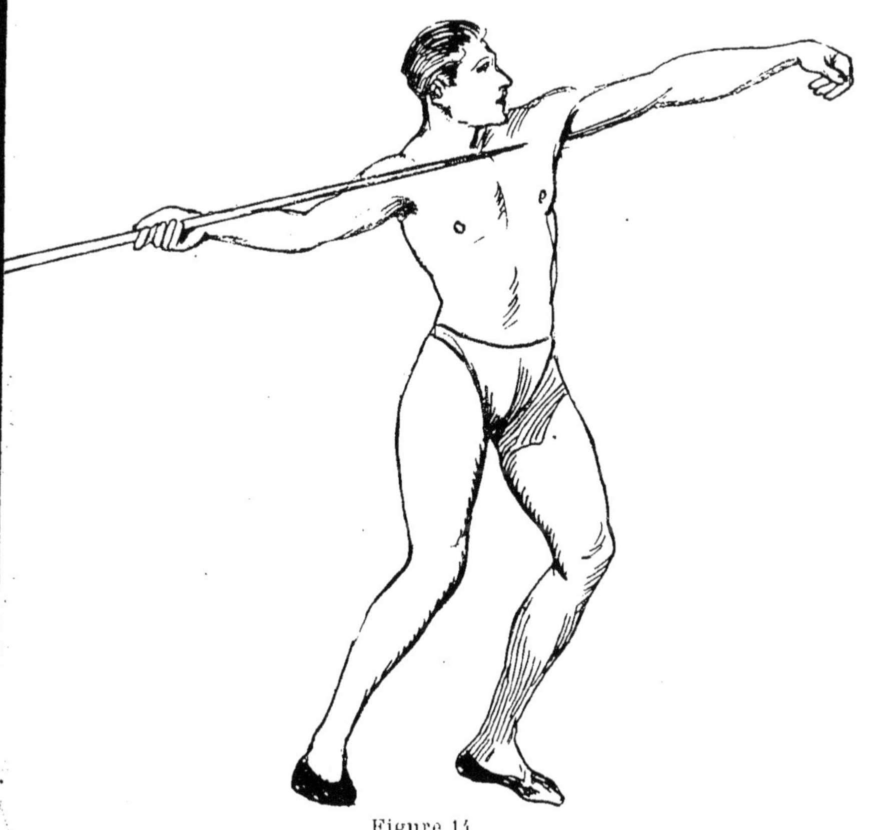

Figure 14.

à ces nécessités nouvelles, ce qui donne plus de souplesse et partant plus de santé aux différents organes.

Mais vouloir obliger ces mêmes organes à se plier rapidement à notre volonté, c'est détraquer la machine entière.

L'effort pour être profitable, et de résultats prolongés, doit être lent, gradué.

Qu'un quidam prétende vous faire courir sur une corde lisse après dix essais, vous le traiterez de naïf.

Pourquoi sauter 1 m. 90 en hauteur par exemple, s'apprendrait-il en un mois? Il est aussi anormal de franchir d'un bond près de deux mètres, que de se promener sur une corde.

Ce qui n'est pas anormal c'est de sauter 75 centimètres. Commencez donc par là, essayez ensuite 80 ou 90.

Ne soyez pas étonné cependant de progresser à force de travail, d'un centimètre par année. Il y a un maximum auquel votre structure se prête. Ce maximum vous l'atteindrez relativement vite. Mais après?... l'amélioration sera lente, difficile; un travail assidu, tenace sera nécessaire pour que vous constatiez une progression sensible.

Les peuples froids, peu imaginatifs se soumettront aisément à cet entraînement fastidieux, mais offrant de réelles satisfactions. C'est là tout le secret des Américains, des Anglais, des Scandinaves.

Le latin, imaginatif, primesautier, veut atteindre le but avant d'avoir franchi le premier pas; mille choses autour de lui l'attirant, il ne peut s'astreindre trop longtemps à l'entraînement. De là viennent ses insuccès dans les concours internationaux.

Ce défaut, cependant, peut-être sinon anéanti, tout au moins modéré, par un peu d'attention et la volonté de réussir.

Donc avant d'imiter la manière des grands champions que l'on voit sur les stades, il est nécessaire de se plier au modeste entraînement que nous recommandons. Cette imitation des as est toujours pernicieuse aux débutants et il ne faut jamais croire qu'une performance est dûe à un truc quelconque. Elle provient uniquement du bel équilibre des muscles et des organes.

Lorsque l'on possède à fond la technique d'un sport, on est amené à apporter quelques améliorations dans son jeu. Ces améliorations sont la plupart du temps commandées soit par la structure particulière de l'athlète, soit par l'état *ignoré* d'un organe interne. Qu'un autre l'imite et il va en sens contraire du but à atteindre.

Tout record est un fait anormal, on n'y parvient donc que par une gymnastique appropriée qui conduit le corps à la condition voulue.

Essayez de rabattre votre main sur le poignet, en arrière. Certainement vous n'y réussirez point. Pourtant il existe des individus qui exécutent cet exercice dès leur naissance. Mais chaque matin pendant plusieurs années, entraînez-vous, ramenez votre main en arrière à plusieurs reprises. Après un temps plus ou moins long vous toucherez au succès.

Pour les sports, il en est de même ; parce que quelques as ont pu exhiber des performances extraordinaires après un court entraînement, il est impossible d'en déduire qu'il est permis à tout le monde d'en faire autant.

De même prétendre *à priori* qu'on est bon pour la course, le saut, ou toute autre catégorie est pur enfantillage. C'est l'entraînement seul qui vous apprend à discerner vos qualités spéciales.

Il est évident qu'une puissante cage thoracique annoncera plutôt un coureur qu'un trapéziste. Mais on a vu des champions taillés en souplesse qui n'offraient à la vue aucune ampleur remarquable de la poitrine, et pourtant ils couvraient cent mètres d'une seule aspiration. Ils avaient seulement appris à créer un synchronisme entre leur respiration et le mouvement de leurs jambes. Or, cela s'apprend, s'acquiert et ne vient pas en naissant.

Conclusion tout le sport se résume dans l'entraînement général et progressif.

XVIII

Le présent ouvrage a été écrit avant les Olympiques; nous ne craignons pas de pronostiquer cependant, que nos couleurs ne verront pas beaucoup de victoires.

La grande moisson appartiendra sans conteste aux Américains; les Anglais s'adjugeront le foot-ball, les Scandinaves... le reste. Et nous ?

L'épée assurément nous vaudra notre plus brillant succès.

Mais indépendamment du manque de méthode dans l'entraînement de nos athlètes, il existe une autre cause à notre *apparente* médiocrité, cause à laquelle on ne paraît prêter attention.

Nous voulons parler de la taille.

Pour les sports, indistinctement, tout au moins en athlétisme, la taille joue un grand rôle. La foulée d'un homme de 1 m.82 sera certainement supérieure à celle d'un homme de 1 m.68, avec la même dépense de force musculaire.

Pour le saut en longueur, la supériorité de la taille est encore plus flagrante.

Il résulte de ceci, qu'il serait nécessaire de sérier les athlètes par catégorie et alors seulement, il sera permis de juger de leur valeur athlétique d'une façon impartiale.

Le public français connaît bien ce coureur anglais, pourtant de forme excellente, et qui malgré des qualités visibles, arrive toujours bon cinquième ou sixième. Celui-là a suivi le bon entraînement, ce qui ne l'empêche d'être battu par ses compatriotes de plus grande taille.

Il faut donc en arriver à faire ce qui a été tenté dès le début pour la boxe. Jamais on n'a songé à mettre un athlète de 75 kilogs en face d'un autre de 92. Le résultat aurait été évidemment connu à l'avance.

Une difficulté cependant se présente pour la course. La vitesse, l'endurance dépendent

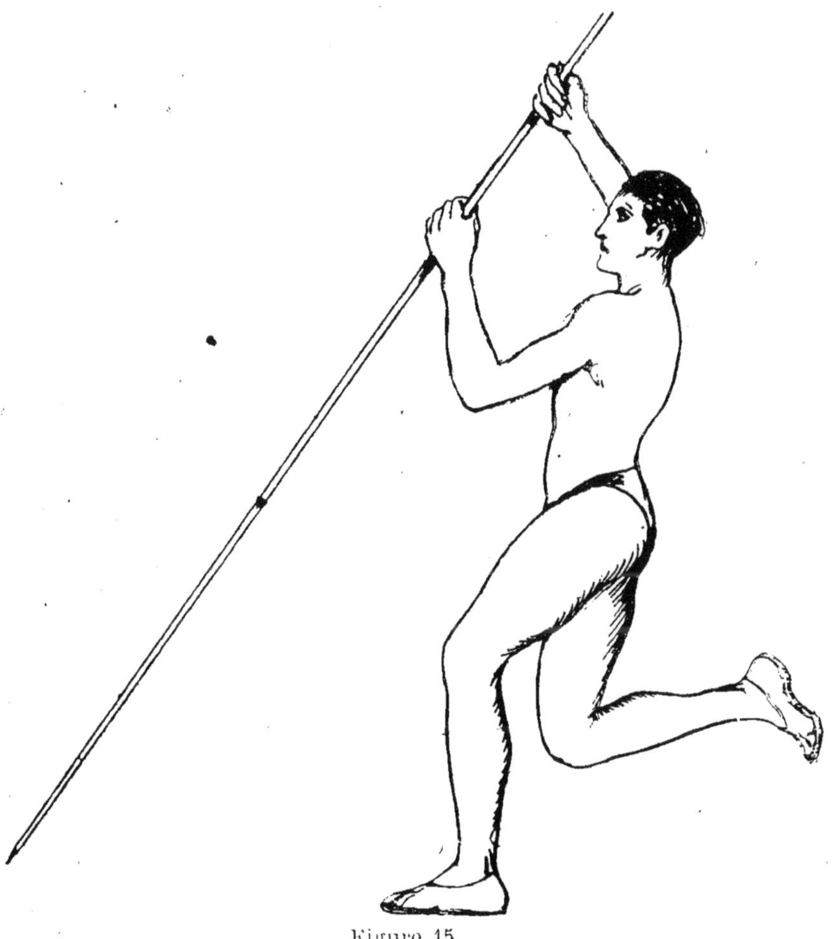

Figure 15.

de facteurs différents. De deux hommes de taille égale, les plus longues jambes auront l'avantage. Cette difficulté n'est qu'apparente, la différence restant minime dans tous les cas.

Il serait possible à notre avis de rendre un concours athlétique parfaitement juste en se basant uniquement sur la taille des concurrents.

Trois grandeurs pourraient être adoptées :

De 1m.60 (ou au-dessous) à 1m.70 ou 72.

De 1m.70 à 1m.80

Au-dessus de 1m.80.

Il est puéril de placer en face des mêmes difficultés un athlète de 1m.65 et un de 1m.82. Le second sautera avec une relative facilité les 1m.90 des derniers records, tandis que le premier d'une valeur athlétique pourtant incontestable ne dépassera pas 1m.86.

Or le plus petit sera peut-être un athlète de grande classe, tandis que son concurrent ne pourra être placé que dans une juste moyenne.

Nous sommes persuadés que si l'on adoptait ces dispositions, nous verrions surgir chez nous de nombreux champions, qui, à l'heure actuelle, n'osentse montrer, découragés par les résultats auxquels leur taille les a contraint à l'entraînement.

Pour les divers lancers nous manquons également de champions, parce que peu de nos athlètes ne s'y livrent depuis assez longtemps. Un insuccès dans cette branche ne doit donc pas nous décourager. Mais ici, également, surgit la même inégalité, que pour la course ou le saut. Cette inégalité, c'est le poids de l'homme. Or on peut admettre que le poids d'un individu est toujours à peu près fonction de sa taille.

Donc pour les différents lancers, nécessité de catégories par taille, encore une fois.

Nous pouvons étudier cette question sous ses faces les plus diverses, nous aboutissons à la même difficulté.

Ceci n'est pas un plaidoyer avant la lettre, pour expliquer nos insuccès futurs; c'est le résultat d'une constatation journalière.

Or le sport devrait être l'école de l'équité et du *fair play;* il semble par conséquent étrange qu'on laisse subsister une injustice flagrante.

Enfin remarquons aussi que la plupart des

champions étrangers possèdent une longue pratique. Chez nous, ce sont des jeunes, que les nécessités des études n'ont autorisés à l'entraînement soutenu. Puis, au moment où ils seraient en bonne forme, ils abandonnent, attirés par d'autres lauriers.

De tout ceci, il faut conclure qu'il n'existe chez nous aucune infériorité véritable. Notre manque de brillant vient uniquement d'une insuffisante préparation, d'une mauvaise organisation de l'entraînement, de l'absence de terrains sportifs appropriés. Il ne suffit pas, en effet, pour créer une piste, de creuser une tranchée et de la remplir de mâchefer. De même on s'entraîne mal en vue d'un concours sur une route défoncée par les autos.

Il faudrait encourager l'entraînement individuel, le meilleur, parce qu'il permet aux modestes de juger de leurs capacités ; il laisse les indépendants libres de ne faire partie d'aucune association ; enfin il autorise chacun à suivre l'entraînement qui lui plaît, aux heures les plus commodes.

N'oublions pas non plus la question alimentaire, abandonnée trop longtemps. Pas de champion, pas d'athlète sans un régime adéquat. L'athlète brûle beaucoup, il doit manger beaucoup sans pourtant s'alourdir.

Le tabac et l'alcool n'ont qu'un rôle secondaire; leur excès assurément est nuisible, mais il n'est pas seulement nuisible à l'athlète, il abrutit quiconque s'y laisse aller

Cependant se dispenser totalement d'alcool est préférable si l'on tient à conserver de longues années ses qualités athlétiques.

Pour le régime alimentaire, nous renvoyons le lecteur au tome I, il y trouvera les indications nécessaires.

L'abus du bain froid, voire son usage fréquent, sont pernicieux, nous lui préférons de beaucoup le tub tiède qui repose sans troubler la circulation. A la veille d'un concours, ce détail est important; vouloir se stimuler par les douches glacées est une erreur trop commune pour que nous n'insistions pas. Dans ce cas, la réaction lointaine se produit sur la respiration, c'est-à-dire qu'on est handicapé dès le le début.

Résumons tout ce que nous avons dit jusqu'à présent en un principe indiscutable et d'expérience journalière :

Ce qui fait un bon athlète,

C'est :

Un bon cœur et de bons poumons.

Sans un parfait état de ces deux organes, pas de sport véritable, pas d'athlétisme.

TABLE DES MATIÈRES

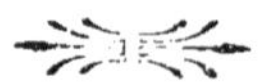

TABLE DES GRAVURES

Saint-Denis. — Imprimerie J. Dardaillon.

Liste d'ouvrages recommandés

L'Entraînement Américain

Entraînement à tous les Sports

Tome I

Cet ouvrage que nous présentons à notre clientèle est essentiellement nouveau. Jamais ce sujet n'a été traité d'une façon aussi complète et aussi pratique. L'entraînement quel qu'il soit, pour être fructueux, doit être gradué et rationnel. C'est en cela que les Anglo-Américains et les Scandinaves sont nos maîtres. Dans les sports, la réussite dépend uniquement de la méthode. Si celle-ci est mauvaise, les résultats sont misérables. Or nous avons la certitude d'offrir, dans ce livre, la véritable bonne méthode. Peut-être n'est-elle pas la seule bonne, mais nous affirmons qu'elle est parmi les meilleures. Il est nécessaire de connaître également comment travaille la machine humaine, quelle alimentation il faut lui fournir pour obtenir le rendement maximum. On trouvera tout cela dans l' « Entraînement Américain ». Adopter son procédé, c'est être assuré du succès. Prix : **5** francs.

Le Développement Musculaire

Tome II

Cet ouvrage est la suite du précédent entraînement; il fournit tous les détails nécessaires à connaître pour le développement rationnel des muscles. C'est la méthode unique de préparation aux grands sports, comme la course, le lancer..., etc.

En outre il nous permet de continuer notre entraînement pendant l'hiver, sans solution de continuité, ce qui est appréciable. Il nous donne également de nouveaux renseignements sur les massages, le régime alimentaire, etc..., etc... En un mot, il complète le Tome Ier et forme avec lui un tout complet que chaque jeune homme désireux d'acquérir force et santé doit avoir lu. Prix : **5** francs.

La Natation et l'Aviron

Tome IV

Tout ce qu'il faut savoir sur ces deux questions. La nage est un sport à la portée de tout le monde, encore faut-il la pratiquer sagement et pour cela connaître une multitude de détails que l'on ignore généralement.

Les différentes nages de course modernes y sont étudiées avec précision, mettant chacun à même de les pratiquer aisément.

L'étude sur l'aviron est aussi fort complète; elle nous enseigne quelle est la structure des divers esquifs usuels; comment on pratique l'aviron en course, comment on s'entraîne.

Prix : **5** francs.

La Bicyclette et le Cyclisme

Tome V

La composition de la bicyclette, son montage, les réparations de fortune, l'entraînement du cycliste, son hygiène, les contre-indications à ce sport. En un mot tout ce qu'il faut savoir sur le plus démocratique des moyens de transport.

Cet ouvrage s'adresse tout particulièrement aux amateurs de grand tourisme, qu'il met au fait des mille petites ruses usuelles.

Quiconque possède une bicyclette, quiconque veut en acheter une, doit lire ce livre qui lui fournit tous les renseignements nécessaires.

Prix : **5** francs.

L'Influence Personnelle

par SCHEMAHNI

Hypnotisme — Magnétisme — Télépathie

Voici enfin l'œuvre tant attendue sur le magnétisme, le véritable traité complet permettant d'acquérir cette force d'énergie qui est la source du bonheur.

C'est la théorie hindoue expliquée et mise à la portée des Européens et il est incontestable que fakirs et yogis sont nos maîtres en cette science encore mystérieuse.

Nous offrons à notre clientèle un ouvrage vraiment complet et peut-être le seul complet sur cette question tant débattue de magnétisme. On verra par les explications qui y sont données que la puissance magnétique doit se considérer sur trois faces différentes et non point uniquement dans la fixité du regard, qui n'est qu'un de ces éléments infimes.

Et comme nous le disions tout à l'heure, c'est la théorie hindoue, les procédés des fakirs, qui nous apportent enfin le véritable éclaircissement. Ces procédés examinés l'un après l'autre, nous en découvrons le but et partant notre moyen de nous les adapter à nous-mêmes, à notre civilisation, aux nécessités de la vie courante.

D'après ces formules, quiconque peut développer cette puissance qui est en nous à l'état de potentialité innée.

On y voit également la théorie sincèrement étudiée des mondes de l'astral qui nous enveloppe et peut-être nous dirige.

En un mot, un livre unique, complet, sincère, et d'une compétence simple. L'auteur dévoile ce qu'il a appris sans forfanterie, et sans la nébulosité qu'emploient certains occultistes pour cacher le vide des idées.

Un fort volume in-8°

illustré de figures techniques

Prix **15** francs. Franco : **15** fr. **75**

La Puissance Magnétique

Nous croyons présenter à nos lecteurs l'ouvrage le plus étonnant, qui ait été écrit depuis longtemps sur le Magnétisme et la Magie.

S'appuyant sur les données de la science moderne, l'auteur nous montre que les cérémonies magiques et de sorcelleries sont actuellement à la portée de chacun. Les secrets du grand Arcane deviennent alors des plus compréhensibles et l'on se rend compte qu'ici-bas, tout n'est que magie pour celui qui sait.

En vérité ce livre nous ouvre des horizons insoupçonnés, il étend considérablement nos possibilités et nous procure des moyens simples, pour réaliser des actes qui, à première vue, semblent surnaturels.

La science des sorciers est ramenée à un axiome unique, d'où découle une infinité de corollaires expliquant bien des prodiges demeurés inexplicables.

Autrement dit : Un ouvrage unique, absolument moderne, tenant compte de toutes les acquisitions scientifiques de ces dernières années.

Quiconque s'intéressera aux sciences occultes doit avoir lu : **LA PUISSANCE MAGNÉTIQUE**, sans laquelle vous resterez ignorant et faible.

Riche volume illustré

Prix **15** francs. Franco : **16** francs.

Hypno

par GUILL

Petit manuel d'hypnotisme pratique, écrit par un matérialiste. Tous les procédés faciles d'hypnotisme y sont passés en revue. Les curieux de l'hypnotisme et des sciences occultes doivent avoir lu ce petit volume.

Prix **3** francs. Franco : **3** fr. **75**

BIBLIOGRAPHIE

OUVRAGES RECOMMANDÉS

Comment conserver sa santé, Dr Toulouse 8 fr. »

L'éducation physique basée sur la physiologie musculaire, Ledent. . . . . . . 17 fr. »

La gymnastique respiratoire et la gymnastique orthopédique chez soi, Lamy. 7 fr. »

Ma méthode respiratoire de gymnastique suédoise, Boyesen . . . . 3 fr. 75

Le danger sportif, Dr Guillemare. . . . . 2 fr. »

Guide pratique d'éducation physique, Lt Héber . . . . 21 fr. »

Muscle et beauté plastique, Lt Héber . . 13 fr. »

Ma leçon type d'entraînement, Lt Héber . 6 fr. »

Ma leçon type de natation, Lt Héber . . 5 fr. »

www.ingramcontent.com/pod-product-compliance
Ingram Content Group UK Ltd.
Pitfield, Milton Keynes, MK11 3LW, UK
UKHW020604180726
13838UKWH00001B/424

9 782329 384719